経営者勉強シリーズ Ⅳ

補助金・助成金獲得の新理論
完全改訂版

～平成３０年度改訂攻略ＢＯＯＫ～

著　西河　豊／石川高弘

三恵社

はじめに

　２０１７年６月に発刊した「補助金・助成金獲得の新理論」を完全改訂しました。

・経済産業省側の補助金の基本体系は大きくは変わらないものの厚生労働省助成金側が毎年大きな流れの中で激変していること

・補助金助成金を取り巻く環境が大きく変化している中で企業のとるべき対応も大きく変化していること

というのが実務的な訳ですがこれに加え　一冊目発刊後順調に部数を重ね興味のある人の多さを感じましたので、それならば、最新の情報で読んでいただきたいというのが最も大きな理由です。

当初は、補助金・助成金の制度変更のあったところのみの改訂のつもりでしたが、ここ数年間の動きで世の中は大きく変化しており、制度の見方や政府施策などほぼ全て書き変えることにいたしました。

加えて、今回は製造業者向けに内容を厚くと言うことで省エネ補助金・下請け対策事業・スタートアップフアクトリー事業などの中小企業向きの施策をその道の専門家である石川高弘氏に執筆をお願いしました。

今後も重要な制度は書き加えて行きます。

では、じっくりと楽しみながらお読みください。

御事務所の経営戦略が輝きを放つことを祈願しております。

経営革新支援認定機関

中小企業診断士・社会保険労務士

ものづくり補助金情報中心　代表　西河　豊

ビジネスエージェント　石川高弘

目　　次

はじめに・・・・・・・・・・・・・・・・・・・・・・・・・・・・・3

第1部　補助金・助成金近未来予測
 1．エポックメイキングな予測・・・・・・・・・・・・・・・・・10
 2．今後の補助金・助成金の方向性予測・・・・・・・・・・・・・15

第2部　中小企業支援策概論
第1章　中小企業施策論・・・・・・・・・・・・・・・・・・・18
 1．国の中小企業施策の現状・・・・・・・・・・・・・・・・・18
 2．補助金と助成金の違い・・・・・・・・・・・・・・・・・・19
 3．中小企業の定義・・・・・・・・・・・・・・・・・・・・・20
第2章　補助金・助成金のリスクとリターン・・・・・・・・・21
 1．補助金とキャッシュフローリスク・・・・・・・・・・・・・21
 2．助成金と制度運用リスク・・・・・・・・・・・・・・・・・22
 3．補助金・助成金導入で狙うべき派生効果・・・・・・・・・・22
第3章　押さえるべき補助金・助成金申請の法則・・・・・・・25
 1．オーディションの法則・・・・・・・・・・・・・・・・・・25
 2．公平性の原則・・・・・・・・・・・・・・・・・・・・・・26

第3部　経済産業省補助金編
第4章　補助金の新たなグランドスキーム・・・・・・・・・28
 1．国のグランドスキーム・・・・・・・・・・・・・・・・・・28
 2．経営革新支援認定機関・・・・・・・・・・・・・・・・・・30
 3．グランドスキームの基本形・・・・・・・・・・・・・・・・31

4．審査スタイルのトレンド・・・・・・・・・・・・・・・32

　　5．グランドスキームに関する総括・・・・・・・・・・33

第5章　経済産業省メジャーな補助金解説・・・・・・・35

　　1．ものづくり補助金・・・・・・・・・・・・・・・・35

　　2．地域創造的起業補助金（創業補助金）・・・・・・・49

　　3．事業継承補助金・・・・・・・・・・・・・・・・・60

　　4．経営持続化補助金・・・・・・・・・・・・・・・・65

　　5．省エネ促進補助金・・・・・・・・・・・・・・・・69

第6章　国のグランドスキームと経営戦略コンテンツ・・・75

　　1．経営革新法・・・・・・・・・・・・・・・・・・・75

　　2．経営力向上計画・・・・・・・・・・・・・・・・・80

　　3．戦略と投資のたすき掛けコース理論・・・・・・・・88

第7章　連携への発展・・・・・・・・・・・・・・・・・89

　　1．国のスキームと連携・・・・・・・・・・・・・・・89

　　2．製造業の視点・・・・・・・・・・・・・・・・・・90

　　3．特定ものづくり研究開発認定制度・・・・・・・・・91

　　4．サポイン補助金・・・・・・・・・・・・・・・・・93

　　5．新連携・・・・・・・・・・・・・・・・・・・・・97

　　6．下請け連携・・・・・・・・・・・・・・・・・・・98

　　7．スタートアップファクトリー構築事業・・・・・・・103

第8章　地域への発展性・・・・・・・・・・・・・・・・108

　　1．経営発達支援計画・・・・・・・・・・・・・・・・109

　　2．認定市町村制度と補助金・・・・・・・・・・・・・113

　　3．地域中小企業応援ファンド事業・・・・・・・・・・114

第9章　ＳＢＩＲ制度―他省庁補助金・・・・・・・・・・115

第10章　今後重点が置かれる海外・知財補助金・・・・・・116

　　1．全体方向性の推測・・・・・・・・・・・・・・・・116

　　2．海外関連補助金・・・・・・・・・・・・・・・・・116

３．知的財産関連施策・・・・・・・・・・・・・・・・・・・118

　　４．海外での模倣品対策事業（海外施策と知財施策のドッキング）・・・・120

第４部　厚生労働省助成金編

第１１章　厚生労働省　助成金の新理論・・・・・・・・・・・122

第１２章　助成金の基本スキーム・・・・・・・・・・・・・125

　　１．厚生労働省の助成金の目的性・・・・・・・・・・・・・125

　　２．助成金の通則・・・・・・・・・・・・・・・・・・・125

　　３．事業主の心得・・・・・・・・・・・・・・・・・・・126

　　４．入手しにくい助成金情報・・・・・・・・・・・・・・127

第１３章　助成金体系の矛盾点　・・・・・・・・・・・・128

　　１．原型が分からなくなる編成変え・・・・・・・・・・・128

　　２．経費支出の目的性との落差・・・・・・・・・・・・・129

　　３．実効性のない助成金・・・・・・・・・・・・・・・・130

　　４．不利を被る個人事業所・・・・・・・・・・・・・・・131

　　５．「随時」正社員転換は許されるのか？・・・・・・・・・132

第１４章　助成金制度改訂への対応・・・・・・・・・・・・133

　　１．平成３０年度　改訂のポイント・・・・・・・・・・・133

　　２．改訂を大きく捉える・・・・・・・・・・・・・・・・134

　　３．生産性指標要件への対応・・・・・・・・・・・・・・135

第１５章　厚生労働省のメジャーな助成金解説・・・・・・・139

　　１．業務改善助成金・・・・・・・・・・・・・・・・・・139

　　２－１．人材確保助成金　雇用管理制度助成コース・・・・・146

　　２－２．人材確保助成金　人事評価改善等助成金・・・・・・154

　　２－３．設備改善等支援助成金（平成３０年度実施の新設助成金）・・・・158

　　３．時間外労働等改善助成金　勤務間インターバル導入コース・・・・・162

　　４－１．人材開発支援助成金　各種訓練コース・・・・・・・164

　　４－２．人材開発支援助成金　教育訓練休暇付与コース・・・・・・・・178

５．キャリアップ助成金・・・・・・・・・・・・・・・・・・・182

　　６−１．両立支援等助成金・・・・・・・・・・・・・・・・・193

　　６−２．両立支援等助成金　女性活躍加速化コース助成金・・・・・・・205

　　７−１．65歳超雇用推進助成金　高年齢者雇用継続コース・・・・・・・210

　　７−２．65歳超雇用推進助成金　高年齢者無期雇用転換コース・・・・・・216

　　８．一般トライアルコース奨励金・・・・・・・・・・・・・・・217

　　９．雇用調整助成金・・・・・・・・・・・・・・・・・・・・・219

　第１６章　助成金と中小企業戦略の接点・・・・・・・・・・・・・・222

　　１．助成金と中小企業戦略・・・・・・・・・・・・・・・・・・222

　　２．主要助成金総合分析・・・・・・・・・・・・・・・・・・・225

　第１７章　インダストリー４．０で遅れゆくこの国・・・・・・・・・・227

おわりに・・・・・・・・・・・・・・・・・・・・・・・・・・・229

執筆に当たっては

・経済産業省

・中小企業庁

・厚生労働省

・SII(一般社団法人　環境共創イニシアチブ)

・独立行政法人中小企業基盤整備機構

・特許庁

・独立行政法人　高齢・障害・求職者雇用支援機構

以上のサイトを参考にさせていただきました。

第１部→第１章→１→(1)→①と段組していますが説明の中で、法律の条文などは原文
通りの番号を載せています，

8

第1部
補助金・助成金近未来予測

第1部　補助金・助成金近未来予測

1．エポックメイキングな予測
〜時代はものづくり補助金から生産性向上の助成金へ〜

　まず、中小企業対策においてくにのキャッチコピーが変わりました。
それは、「ものづくりから生産性向上へ」です。

詰まるところ、厚生労働省の助成金の目的はこれです。
生産性革命と言う言葉もありますが、革命の概念はいまだ定まっておらず、
本書では使いません。
思えば２０１３年から始まったものづくり補助金の方のブームを継続させ
るには無理がありました。
・設備投資してから売上、利益転化するまでにタイムラグがある
・作っても売れなければ意味はない
国の本音もものづくりという名目で、やる気のある中小企業の設備を更新
するというものでした。
ダイレクトに言うと、ものづくり補助金に当選した先も申請書でものづく
りに見せかけているだけで、ものなど作っていなかったのです。

そのような中、１，０００万円を超えるコースでは成長コース、高度生産
性設備、ＩｏＴコース、そして、今回の企業間データ活用コースと言葉だ
けが踊りました。
　（これは、補正予算による補助金なので毎年、タイトルを少し変えないと
いけないという事情もあります）
この特別コースも政府のこういうことも考えているというデモンストレー
ションのみに終わっています。

では、今回、出てきた言葉である生産性向上とは何なのでしょうか？
一言で示すと

生産性指標＝アウトプット／労働力のインプットです。
この生産性指標が世界の先進国の中で目を覆う低順位になってしまっているのです。

公式で示すと
生産性指標＝（営業利益＋人件費＋減価償却費＋賃借料＋租税公課）／労働者数
です。
結論から言えば、ものづくり思考よりこの指標の向上を追いかけていった方が経営力向上に実効性はあります。

ここで、分母と分子に分けて考えてみましょう。
分子の付加価値額が同数ならば、分母の労働量が下がるほど指標は上がります。
ここで、助成金の枠組みとして、過去はリストラでそれをしないようにという歯止めがなされたのですが、昨今の人手不足ではその心配はあまり問題にならなくなってきました。
分子が曲者です。
（営業利益＋人件費＋減価償却費＋賃借料＋租税公課）
です。
ここで、人件費を単純に上げれば良いようなものですが、それは間違った考えです。
売り上げが平行線なら営業利益の算出に人件費は引かれますので他数値が同条件なら、営業利益は減るのです。
これは、減価償却費など他費目も同じです。
税金をあまり払いたくないというのも相まって我が国はこの営業利益率の低いのが特徴です。
よって生産性指標を上げたい場合は、経営戦略のもとから変えねばならな

第1部　補助金・助成金近未来予測

いのです。

次に生産性指標向上を悪弊を直すという側面から説明します。

分母のインプットは従業員数となりますが

・労働内容において意味のない仕事を減らす

・労働時間において長時間労働を無くすという要素があります。

下段は長時間労働ではインターバル制度と言う１１時間次の出社まで開けるという制度を普及させていこうという流れがあります。

この取り組み対する助成金もあり、申請した企業は意外にまじめにこの制度を考えています。

ニュース化される過労死事件を反省材料として捉えているのでしょう。

第一義は意味のない仕事を減少させるということですが、我が国は業務が細分化され過ぎて、隣の職員のやっていることが理解できていないということあります。

また直観部門の比率において、間接部門のウエイトが増し、肝心のユーザーとの接点部分は外注の会社がやっているというような、矛盾が出始めています。

この仕事の組み立てについてはトップの決断を抜きには考えられません。

労働者は自分の業務を確保するという意識が働くからです。

長時間労働の廃止に関しては、まずは櫂より始めよ、ということで企業ならばトップが早帰りすること、国なら政治家や霞ケ関の官僚です。

女性の管理職比率においても同じことが言えます。

国の政治が男社会なのに、民間企業には女性の管理職比率を上げよでは何の説得性もありません。

ヨーロッパ諸国では、この政治・行政から始めるという考えが徹底しているのはご存じの通りです。

長時間労働の話に戻ると古い経営者には長時間労働は善と言う考えが残っています。

このようなトップの考えの下では作業量は減らされずに、早く帰れと労働時間だけ規制がかかるというで、ストレスは高まります。

意味のない仕事を減らすということについて考えてみましょう。

これは、換言するならば売上げにつながる仕事だけをするということです。

ゼロベースから経営戦略を考え直すということ以外に手はありません。

働き方改革と言っても、まず、それ以前に物が売れない中でどのように企業は対応したらよいのかということが問題です。

無駄な業務は排してもその部分が解決できなければ今後企業は生き残れません。

さて、ここからは私論です。

我が国の経営者は意識として取引先、株主よりも従業員の方に目が向いているということが言えます。

その意味では我が国は働きやすい職場環境があるのです。

過去に中国ビジネスをしていた時に中国のトップ層は自社の各部門の部長の顔や名前さえも知らないということを知り愕然としました。

また昼食は必ず外食をしますので会社内の社員食堂で食べるというのは日本だけの風景です。

次に構造的な問題として歴史の中で我が国は諸外国に比して年功で給料を上げ過ぎてきたということです。

それを維持するためにものの値段も上げてきたということです。

輸出入がそれほど盛んでない時代には国内のみで帳尻が合ってきたのですが安い輸入品が入ってきますので物が売れなくなります。

ではその結果と給料を両建てで引き上げてきた時代に国の財政は合っていたかと言うとそれも合っていませんでした。

13

第1部　補助金・助成金近未来予測

国が公共事業という形でそれをやりやすくしていたため莫大な借金が残ってしまっている状況です。

原発や地方空港などについても同じことが言えます。

給与水準を上げ過ぎたために、今後、健康保険・年金の債務が襲ってきます。

ではこのような状況下企業はどのように対応すればよいのでしょうか。

方法は2つ

・海外ではジャパンクールと言われる付加価値の高いものを売ること

・国内ではオンリーワンのサービス商品を開発すること

そのためにはどの企業も同じようなものを作ったり、売ったりしているという合成の誤謬現象からまずは抜け出さなくてはなりません。

海外においても国内で作った商品を売っていたのでは原価高となりますので、ニューリッチ層と言われる新興市場に付加価値の高いソフト中心のものを売る以外に方法はありません。

このように働き方改革の前に売り方の改革を考える必要があるのです。

それは、作ったもの・サービスを売上に転化できると言う出口戦略です。

２．今後の補助金・助成金の方向性予測

　この部分は後段の補助金・助成金解説部分の要約となります。それぞれの分野で詳しく述べていますので、最後にもう一度お読みください。

(1)経済産業省補助金予測

　まず明確に言えることは消費税を上げるための裏側の理論として動いていくということです。

　厚生労働省経営の方はそのようなことはないのかと思っていましたが人事評価改善助成金において賃金を 2%上げて、３年間下げずに維持したら目標達成助成金が貰えるというのはまさに増税の比率と一致しています。

　経済産業省の方の施策については成功の側面と失敗の側面があり、成功の側面はものづくり補助金などが知れ渡り気軽に申請できるようになったということで失敗の側面は製造業者の設備投資が補助金頼みになってしまったということです。まさに政府は麻薬に手をつけてしまった感があります。

　経済産業省型補助金施策についてはものづくり補助金が、商業・サービス業にも門戸を広げられましたが、採択審査においてほとんどが不採択となり、諦めつつあるので、従来からマニアックに経済産業省施策に強い製造業者の戦いの世界に戻っていくのではないかと思われます。
これは政府も承知の上で進んでいる感があります。
　今経済産業省側で懸案事項となっているのは政府が推し進めたい海外への投資にいかに誘導していくかということです。これについては国内が景気不況の場合の方が海外に目が行きやすくなります。現在はそういう時勢ではなく、中小企業も模索中の段階です。

15

第1部 補助金・助成金近未来予測

(2)厚生労働省助成金予測

　厚生労働省の助成金については、働き方改革への誘導措置がますます強くなると思われます。

　どのような誘導措置かと言うと６５歳以上の雇用延長、労働時間短縮、女性活用などです。

これらの誘導措置のつく施策について、具体的には

・６５歳超への雇用継続

・退社から次の出社までのインターバル制度

・女性活用における管理職比率

などはいずれ法制化される可能性があるということです。

法制化の可能性があるからこそ誘導措置の意味があるとも言えます。

　労働者を正社員へキャリアアップさせていくという太い柱は、今後も消えることはないでしょう。

　直近では労働事情は働き手の方の売り手市場であり賃金ベース上昇については追い風ですが、まだまだ正規と非正規のあいだには大きな差があります。

　平成 30 年度改定で厚生労働省の人材確保助成金の設備改善支援コースで設備投資も可能となりました。

この設備投資は生産性向上と言う考えとセットで推進されていくことを示します。

第2部
中小企業支援策概論

第2部　中小企業支援策概論

第1章　中小企業施策論

1．国の中小企業施策の現状

　ここで、国の中小企業施策の体系を復習しましょう。

公的支援制度┬①税制　　　┌(②民間金融機関)
　　　　　　└資金調達 ┼③制度融資・④再生支援・⑤保証制度
　　　　　　　　　　　 └⑥補助金・⑦助成金

　これは中小企業支援策の基本であり、頭に入れておくべきものです。
①税制は利益が出ていないと使う意味がありません。
決算上利益が出ている企業が補助金を受けるとこれも利益ですから節税と
言う観点からは逆行します。
私の論は圧倒的に多い財務状況、決算状況が普通の会社はこの⑥補助金・
⑦助成金の情報収集をして、戦略に合ったもの活用していくべきだという
ものです。
この施策活用に置いてもここ数年で中小企業の姿勢に大きな変化が出て来
ています。
　2013年から2018年までの5年間ものづくり補助金を推進実施した結果
は自ら金融調達して設備投資しようという意欲が大きくと減退してしまっ
たということです。工場用地取得のための設備投資というムードも落ちて
きていますので一番困っているのは金融機関です。
　補助金という麻薬に頼ってしまったために毎年、頼らざるを得ない状況
を呈しています。私の調査した限り設備投資全体に対するものづくり補助

18

金の割合は自己資金分も含めると１／４程度の比率となっています。

これは、補助金でカバーしきれない大型設備が金額を稼ぐことを思うと非常に大きなウエイトです。突き詰めると中小企業施策は中小企業の真の意味での自主独立とは相反することをやっているのかもしれません。

このようなムードの中で金融機関では本業支援という考えが生まれました。

ものづくり補助金などの相談も積極的に受けようという姿勢が生まれました。中小企業支援という立場からは非常に良いことですが金融機関はコンサルタント料という形では収益を受け取ることができませんので経営上の不安は拭い去ることは出来ません。

２．補助金と助成金の違い

用語の定義をしておきます。

実は補助金と助成金と言う用語の正式な定義はありません。

通常、名称の付けられ方から、厚生労働省の所管のものを助成金、その他省庁の所管のものを補助金と呼ぶ場合が多くなっています。

ここでも、種類と採択件数の多い経済産業省（中小企業庁）の所管のものを補助金、厚生労働省の所管のものを助成金と呼ぶこととします。そこで以下の違いをしっかりと覚えてください。

プランの内容を審査する経済産業省系の補助金と形式を審査する厚生労働省系の助成金とは基本的に違うということです。

よって、補助金の方は、国の施策を勉強して、申請内容をブラッシュアップしないと採択にこぎ着けることはできません。

これを理解されていない方が多く、補助金の方に締め切り間際に気軽な気持ちで申し込んで不採択となり、次からは挑戦しなくなくなるというケースはよく見られます。

分かりやすい言葉で言うと補助金は経営に関するプランのオーディション

第2部　中小企業支援策概論

なのです。

補助金 所管は経済産業省、審査は内容主義

　　　　目的は、有望分野・国策分野への誘導、経済波及効果の創出

助成金 所管は厚生労働省、審査は形式主義

　　　　目的は求職者の低減、労務管理の向上

ここで、注意は内容主義の補助金は自分で書くところに意義があり、会社の戦略内容を他者に委ねて代筆して貰うと言うことは、ルール違反と言うことです。

　過去何回もこの代筆の禁止令は出ています。申請書にも平成29年度補正予算分より、申請書作成者の支援者欄というのができてトラブルがあった際にはチェックするぞという姿勢が打ち出されました。しかし事業主にとっては関心の薄いものであり、未だになぜ代筆して貰ってはいけないんだという声も多く、究極はなぜそれが補助金で落とせないんだと声高々に言う人までいます。よってこの段階まで来るとなぜそれがいけないかも理由の明示が必要になってきています。

　それは私に任せればはっきりと理由を明示出来ます。後段で詳述します。

3．中小企業の定義

　基本的に、補助金・助成金は中小企業の支援のための助成策であり、活用できる範囲が指定されています。

助成金の場合、これ以上の規模のこの分類上での大企業は、活用できないか、あるいは、助成率が低くなります。

	資本金の額・出資の総額		常時雇用する労働者の数
小売業（飲食業含む）	5,000万円以下	ま	50人以下
サービス業	5,000万円以下	た	100人以下
卸売業	1億円以下	は	100人以下
その他の業種	3億円以下		300人以下

第2章　補助金・助成金のリスクとリターン

1．補助金とキャッシュフローリスク

　補助金に採択されたら現金は大きく減ると言うことを理解しましょう。
設備投資した費用の2分の1が事業終了後に事業補助として戻ってくる形
です。

よって、本来的には補助費とすべきですが、補助金という方が馴染みやす
く申請数も増えるという事情があるのでしょう。

補助金にエントリーするということは、それに見合ったキャッシュを準備
しなくてはならないということです。

いや、実際にはこれだけなく補助事業に係る人の人件費もかかっています。

理解しなくてはならないのは、この補助事業が実り補助事業終了後に売り
上げに転嫁できないとキャッシュは減ったままということです。

こうみると補助金事業というのはキャッシュフロー経営とは相反するもの
です。

事業主は、既存事業と補助事業を分けて、既存事業で常にキャッシュを稼
げる状態にしておくことに加えて、設備投資の補助金事業は長期スパンで
把握して、キャッシュフローを生み出すように、マーケティングリサーチ
の精度をアップしていくことが必要です。

補助金制度がキャッシュフロー経営に反するのになぜこの制度があるのか
というと、皆がキャッシュフロー経営を目指して短期的利益を狙いに行く
と、ものづくりの本来の強みが失われるという国の配慮があります。

21

第 2 部　中小企業支援策概論

２．助成金と制度運用リスク

　助成金の場合、業務改善助成金のような設備投資目的以外は制度導入が主なので現金資金は増えます。

では、全く、助成金活用にリスクはないのでしょうか？

全ての支援策において今は何らかのリスクはあります。

助成金で雇用したら雇用のリスク、制度導入したら、それを運用すると言うリスクがあります。

この背景には就業規則はいったん改訂すると労働者に対して不利益変更はしにくくなるということがあります。厚生労働省の助成金施策は基本的に労働者向けに作ってあります。

全ての助成金についてリスクがあると言っても開発リスクを負う経済産業省のものづくり補助金のリスクに比べれば低いと言えるでしょう。

繰り返しますが助成金では現金資産は助成金では増えるのです。

ただ、それぞれの助成金の目的を勉強しないと効果は半減します。

このマニュアルでは助成金のメリット・デメリット両面を紹介して御社の企業のＴＰＯに合った形で選択できるように解説しています。

前項と纏めて言えることは補助金・助成金は資金繰りの当てにしてはいけないということです。

３．補助金・助成金導入で狙うべき派生効果

(1)補助金の派生効果

ここでの、補助金の効果とは

①従業員モラールアップに繋げる。

②既存事業へのシナジーを狙う。

③これを機会にマーケティングの実験をする。

という３点です。

22

第2章　補助金・助成金のリスクとリターン

これこそが重要であり、この派生効果が発生しないと補助金・助成金事業
をしても経営は上向きません。

① 知名度アップが従業員モラールアップに繋がる。
　補助金の方は中小企業庁の掲示板に乗るということはネームバリュー
アップ効果につながります。これを従業員モラールアップに繋げねば意味
がありません。

②既存事業へのシナジーを狙う。
　これが最も重視されるべき効果です。
ある意味、補助金はキャッシュフロー経営とは相反するものがあります。
そこで、この補助金事業を起爆剤として、あるいは楔子として、既存事業
とのシナジー効果を図るべきです。

③これを機会にマーケティングの実験をする。
　ここでのポイントは補助事業年度以降も継続的にそのマーケティング実
践を続けるということです。
現実的には、補助金事業が、市場で即ブレイクという例よりもマーケティ
ング実践を続けていってマイナーチェンジを繰り返し、初めて売り上げ面
での正解が出るケースの方が多くなります。
これは常に意識して行わないといけない派生効果です。

(2)助成金の派生効果
　これを機会に労務管理ツールを整備します。
これが助成金支給の条件のベースとなります。
具体的には出勤簿・賃金台帳・労働者一覧表を整備するということです。
これらを労務管理の3表と言います。

第2部　中小企業支援策概論

これの中で最もベースになるのは労働者一覧表です。

これは意外かもしれませんが社長というものは意外とパートまで含めた労働者人数までをしっかりと把握してないケースが多いのです。

そして次の段階で整備すべきがしっかりとした就業規則です。

これに基づきそれぞれの人の雇用条件通知書を整備します。

これらをしっかりと整備しなくてはいけないということが助成金の副次効果です。

これらを煩わしく思われる代表者の方は本来、助成金を申請してはいけないのです。

そして労働基準法を代表とする労働法規は、従業員の労働環境の整備ためにも遵守していかなくてはいけないことなのです。

第3章　押さえるべき補助金・助成金申請の法則

１．オーディションの法則

　これはエントリー形式で、合格者が審査の上発表されるという形式の場合に起こる現象で、実質的な競争率は毎年上がっていくと言う現象を示します。

これは他人あるいは他者の見えないところでの努力は制御できないということです。

よってエントリーに参加するものは、人より早く万全の準備をする以外に道はありません。

この法則に派生する２つの経験則があります。

まずは複数回の公募があるときは、初回の公募の方に間に合わせるということです。

２回目以降の公募に申し込むということについてはその根拠はなく、通常準備するのが時間がかかったという理由がほとんどで熱意の面で初回公募をする企業に負けています。

２回目以降の公募の方が予算配分が多めになるかどうかというのは全くの非統制要因であり、それをあてにするというのは理にかなっていません。

　もう一つは原始的な法則ですが、オーディションの本質として申し込まないと当選はないということです。

　なぜこれを言うかと言うとモヤモヤと考えているだけで一向に実行をしないという会社は意外と多いからです。

第2部　中小企業支援策概論

2．公平性の原則

　これを分かっていない人が圧倒的ですので、是非理解してください。
それは、補助金の公平性の原則で、特定個人、特定法人が利する形になっ
てはいけないということです。
この法則が、分かっていないと申請書でどういう形で出るかというと補助
金で設備導入する設備自体が
・差別化要因
・自社の強み
となってしまっている構図です。
具体的に言うと今回補助金で導入する設備で市場での優位性を保つという
流れです。
このパターンが非常に多くなっています。
しっかりとこの法則を理解している審査員なら、この話の流れを読むと「あ
れ？」となり、「補助金によりこの企業を有利にさせて良いのか？」となっ
てしまいます。
自社の強みと言うのは、「そこまでの努力」「仕組みとしての強さ」で証明
しないと行けないのです。

26

第3部
経済産業省補助金編

第3部　経済産業省補助金編

第4章　補助金の新たなグランドスキーム

　２０１２年に経営革新支援認定機関制度が始まり、大きな補正予算枠をとった経済産業省の補助金の新スキームが始まりました。
　具体的には
・２０１３年　補正予算によるものづくり補助金・創業補助金制度開始
・２０１４年　小規模事業者経営持続化補助金・全国の市町村に認定市町村制度開始
全国の商工会議所、商工会に対して経営発達支援計画制度開始
・２０１５年　補正予算にて省エネ補助金公募開始
この間に、補助金事業終了後の還付制度もスタートしました。
この２０１２年スタートと言うのが重要で、これは、民主党政権時代であり、アベノミクスの一環であった見るのは間違った見方です。
もっと大きなグランドスキームなかで起こっていることであり、消費税増税のスケジュールも絡んでいます。

1．国のグランドスキーム

　２０１２年を境に大きく中小企業を取り巻くフレームワークが変わりました。これらは一連のものであり、全てが相互に絡まった策であるということです。

(1)　産業ビジョン誘導
　まず言えることは産業ビジョンへの誘導です。
産業ビジョン誘導といっても以前との違いは、投資の目的など基本事項の

みを決めて、それぞれの企業の実態に応じて考えてくださいということです。

(2) 課題と恩典

このスキームの大きな意義は課題と恩典（支援策）が表裏一体になっているということです。課題の核心は付加価値額を上げよという命題で、決して、売上高や利益額ではありません。

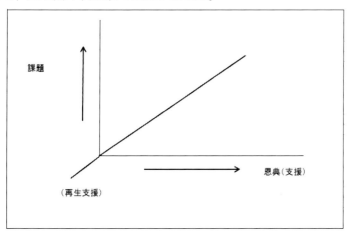

斜め線の角度は、レベル（難易度）を示すもので、中小企業が徐々にステップアップしていく形を想定しています。具体的に言いますと持続化補助金がファーストステップで、最終形は連携体で複数年事業を行うサポイン補助金です。ステップの飛び級は通常ハードルが上がると思ってください。

(3) 資金の還流システム

２０１２年に補正予算で始まった大型補助金より、収益還付制度が始まりました。これは、中小企業対策の大きなメルクマールです。
国の大きな産業ビジョンに基づいて、階段式に経営を高度化して貰い、そこから、上がった収益を一部国に還付してもらおうという考えであり、税金をぐるっと回すことにより産業をレベルアップしていこうというものです。

第3部　経済産業省補助金編

２．経営革新支援認定機関

　経営革新支援認定機関については、当初の発足目的、発足後の経過などは第一巻の補助金助成金獲得の新理論で説明しましたのでここでは現場における課題をまとめたいと思います。

まずは認定機関数が多くなりすぎてしまったことです。

私は第１回の認定と言う最も早く申し込んだ方ですが現在は、認定機関の数が増え何万という数にいたっています。

そのためにはその活動を把握するため認定機関への各種のアンケートを実施していますが、そのアンケートにより何をどうするかという目的性はあまり感じられません。

増加した背景として一つには税理士の某グループが、統一的に軒並み認定機関に登録したこと、金融機関も支店まで含めて同様です。

私は多くなりすぎたことによる弊害はあまり感じておりませんが、国としては一般企業がどこに支援を申し込めば良いのかもう少し整理したい意向のようです。

次の課題は中小企業支援には様々なジャンルがあるのに対してものづくり補助金の確認書発行業務のみに偏っているということです。

特に国としては再生支援の業務にもう少し取り組んで貰いたいという意向があるようですが、これは解決していません。

次にものづくり補助金申請の際の確認書発行業務について言えば、認定機関である金融機関には、補助金申請の支援というよりも取引金融機関としての立場を示したい意味から確認証は当行で発行させて貰わないと困るというような優越的地位の濫用に近いものが見受けられました。

　中小企業庁からは、ものづくり補助金申請において経営者に代わって申請書を代筆しないで下さいという注意文が２回出されましたがこれについては説明は別の項に譲ります。

第4章　補助金の新たなグランドスキーム

　また過度な報酬を要求しないで下さいという注意文も出されましたが、過度な報酬とはどの程度からなのかという質問に対しては、回答はなされませんでした。

　これは主にものづくり補助金における成功報酬のことを言っているのだと思われますが、契約というものは相対でなされるので、その契約についてまで国が口を挟むことはできないということは理解できます。

3．グランドスキームの基本形

　２９Pの図は、縦軸は課題を、横軸は支援措置を示します。
この課題の基本ベースにあるのが、経営戦略を持ちなさいというもので、補助金申請ごとに書くことになっています。
この斜め線は右に行くほど、高い付加価値を求めますので、通常利益率も高くなります。
ここがこのシステムの肝のところです。
なぜ、このような支援制度が考え出されたかと言うと諸コストが上がり、自然の流れに任せておくと未来への投資意欲が冷え込んでしまうということが背景にあります。
加えて、このシステムを発案した時点で決まっていた消費税増税の表裏一体策でもあるということです。
ここで、深く理解していただきたい注意点が２つあります。
課題のベースになる「企業戦略を考えよ」という命題は、それぞれの企業に合った戦略をということで正解はないということです。
国は一律で打つ政策には限界が来ているということを認め、ものづくりで御社は何をしますか？というように宿題の出し方が変わってきたということです。
ここで、ひとつ問題が出て来ています。それは、不採択だった場合の理由が返されていないと言うことです。不合格ならどこがだめだったか解答を

第3部　経済産業省補助金編

返すべきなのに、「審査の結果にはお答えできません」と言う丁寧なお断り文句までしっかり要綱に明記されています。

これは考えるべき時期に来ています。経営戦略のテストならばそれらしい体裁を備えないと代筆行為は直らないと思います。

４．審査スタイルのトレンド

　２０１５年から言われだした事ですが、説明会場で「コンサルタントに代筆してもらっているのが分かったら即不採択」と説明されています。
どこを見るかと言うと、
・明らかに長い。
・テンプレートが多い。
・ビジュアルが多い。
これは外注の申請書は報酬やクレームの対策として、取りあえず分量多めにしておくとことです。ここで、ひとつ面白い（と言っては失礼ですが）事例があります。
本人が書いているのに、コンサルタントが書いているように見える申請書です。
それは、ビジュアル満載で明らかに長いということです。
これはものづくり補助金申請は難しいというのに対して、それなら既存資料を何でも載せておけと言う間違った対応法に起因するものです。
最近の傾向ではこのようなタイプの申請書は不採択になっています。
言葉を変えましょう。
審査員に「これは会社案内ですか？」「これは既存資料（テンプレート）の貼り合わせですか？」と言われるような体裁になってしまってはいけないのです。
過去、会議所系の経営塾（経営革新塾）に参加して、そこで作成した資料をそのまま載せている例も多く見られます。

32

第4章　補助金の新たなグランドスキーム

それは、財務資料満載で相当な分量で作られた申請書です。

また、結論部分が「品質向上」や「地域貢献」など、どこかで習った、経営用語のオンパレードになっているのもひとつの傾向です。

こうなると惜しいどころか多分評価はほぼ０点となります。

時間を節約したい気持ちは分かりますが、受験と同じで問われていることに答えねばなりません。そして、重要なのは、自分の言葉で、です。

５．グランドスキームに関する総括

　企業の付加価値を上げるという考えはますます前面に出てくると思います。このスキームの縦軸は付加価値であり、公式で言うと

付加価値額＝営業利益＋人件費＋減価償却費

です。利益一本では無いということです。

バランス良く、人件費にも投資して欲しいし（給与アップも含む）設備投資もして欲しいということで、これが評価基準になり採択プランが決まります。

このステップに乗って行くことで縦軸である企業の付加価値が高まっていって地域でなくてはならない企業になるというのがこの新たな補助金制度のツボです。

そのためにはまず、このスキームを徹底的に理解することです。

ここで指標の見方において、補助金と助成金で大きな違いがあります。

ものづくり補助金の申請の際の事業計画書作りにおいて労働生産性（＊）が上がっているように計画を作ろうと苦労しておられる事業主の方がおられました。

（＊）労働生産性＝（営業利益＋減価償却費＋人件費＋動産・不動産賃貸料＋租税公課）÷従業員数

これは勘違いで経済産業省の補助金については、指標としてチェックされるのは付加価値額までで労働生産性までは気にする必要はありません。

というのは製造業における設備投資は基本的に省力化効果を狙っているということを政府も分かっているからです。

ここを追求しすぎると、製造業はロジックがおかしくなって来るのです。

助成金の方で出てきた、労働生産性（付加価値を従業員数で割る）は、主に商業・サービス業を想定された施策です。

平成３０年の改訂で助成金側にも設備投資の施策が充実された訳ですが、今後、設備投資について、ものづくり補助金は製造業向けに厚生労働省の設備改善支援コースは商業・サービス業向けにという色分けがなされていくのだと思われます。

その趣旨で補助金・助成金の申請書の書き方は違って来ます。

助成金の設備投資助成においては労働生産性を明確にするためにどの賃金の層が、あるいはどの年齢層がその設備を使うのかまで問題にされるケースがあります。それはそういうことなのです。

□補助金申請のポイントをまとめ□

・国の求めている課題は高付加価値化でありそれは企業の技術力の向上である。設備投資の補助金であってもそこを勘違いしてはいけない。

・高付加価値化のスッテプアップを考えること。それにより世の中になくてはならない企業になりえるシステムがグランドスキームの中に組まれている。

・単年度で、一度採択されただけでは、市場に追いついた程度に終わってしまいがち。このスキームに乗るなら徹底的に乗るべき

・複数年でこのスキームに乗って行くことによりバランス投資を考える。評価される付加価値額には人件費の向上、設備投資の考えが含まれている

第5章　経済産業省メジャーな補助金解説

1．ものづくり補助金

(1)主旨

　2013年より始まりましたが、これは、民主党時代の補正予算案で発表のあったものです。この補助金の建前はものづくり技術の高度化であり、本音は古くなっている中小企業の設備更新でした。

また、消費税を上げるために設備投資額を補助金を呼び水として数値として上げていくという意図もありました。

これについては、当社で試算したところこのものづくり補助金関係が自己資金含めて設備投資全体の4分の1程を占めていました。

その他関連する情報として、中小企業の申請段階での負担を軽減するために、申請書を簡略化するという「利便性・最先端テスト」が行われることも発表されました。

これは、いかなる申請方法にすれば、中小企業に煩雑化を感じさせないかを検討するというものです。

(2)制度発足からの採択率の経緯

　初年度は制度普及のために2回の追加募集があり、最終回は採択率が上がりました。

2014年から、革新的サービスのコースが設けられ、連携申請も可能となりました。

2015年～2016年の申請で注目して欲しいのは申請件数が落ちてきているということです。表外の特別公募（平成27年度補正予算2次公

第3部　経済産業省補助金編

募）として、２０１６年７月～８月に経営力向上計画を取っている企業を優先に採択しますと予告の上、公募がなされ、２，６１８件の申請数に対して２１９件が採択されました。（採択率８．４％）

直近の公募は２０１６年補正予算分は、例年、春に行われてきた補正予算による公募が前倒しの形で年末に実施されました。前回公募と時期が近かったために申請数を更に落としました。この**申請数の増減は人気のバロメータ**として政府も見ていますので重要な指標です。

(3)公募要綱
［名称］
ものづくり補助金（略称名称）
［対象］
・ものづくり技術コース・革新的サービスコース
　　全てのコースで経営革新支援認定機関の確認書を添付することが条件とされました。
・いわゆる中小企業法の中小企業
・個人企業、協同組合なども申請可能
　ものづくり技術コースは１２技術分類に当てはまること。
（９１Ｐ特定ものづくり技術の項を参照）
　革新的サービスコースとは、経営革新法に準拠したコースで革新的サービスの３～５年の計画を持ち、付加価値額（営業利益＋人件費＋減価償却費）で年率３％、経常利益で年率１％の増加計画を持つことが要件。

36

第5章　経済産業省メジャーな補助金解説

2013年　ものづくり補助金

	申請数	採択数	採択率
第1回	1,836	742	40.4%
第2回	10,209	4,162	40.8%
第3回	11,926	5,612	47.1%
合計	23,971	10,516	43.9%

2014年　新ものづくり補助金

	申請数	採択数	採択率
第1回先行	7,396	2,916	39.4%
第1回最終	15,019	6,697	44.6%
小計	22,415	9,613	42.9%
第2回	14,502	4,818	33.2%
合計	36,917	14,431	39.1%

2015年　ものづくり補助金

	申請数	採択数	採択率
第1回	17,128	7,253	42.3%
第2回	13,350	5,881	44.1%
合計	30,478	13,134	43.1%

2016年　ものづくり補助金

	申請数	採択数	採択率
全1回	24,011	7,729	32.2%

2016年　ものづくり補助金
平成28年度補正予算による実施

	申請数	採択数	採択率
全1回	15,547	6,157	39.6%

2018年　ものづくり補助金　　　（速報）

	申請数	採択数	採択率
第一回	17,275	9,518	55.1%

＊）追加募集があるとうたわれている2018年第一回は55．1％と採択率は上がりました。

37

第3部　経済産業省補助金編

［要綱］
・ものづくり中小企業・小規模事業者が実施する試作品の開発や設備投資
　などに要する費用
・上限　一般コース　１，０００万円、２分の１自己資金
　この自己資金率が１／３であったのが平成３０年（平成２９年補正）よ
り、基本１／２の補助率となりました。

(4)審査要綱への基本的対応
　以下の審査項目で明示されている以下の６項目をしっかりとアピールす
ることが肝心です。
審査項目にシンプルに答えていくことです。既に公表されている審査項目
で説明していきます。申請書書き方モデルにはNo 入りでそのアドバイス
箇所を明示しています。

①評価１　ものづくり技術の高度化に資する（あるいは、革新的サービスを
確立する）
　これは、当初のアドバイスでは文言の中で、「－－技術の高度化に資する」
と書いてくださいとアドバイスしていました。
しかし、審査のトレンドを見ると申請所内に溶け込ませる方がベターとの
考えに至りました。
まず、ここで、技術の高度化とはどういうことでしょうか？
これは、設備を導入したということではありません。
それにより、人の技術（ソフト部分）が向上したということです。
補助金に採択されたら、設備は補助金で入れるのですから、人の技術中心に
すべきです。
設備の性能ではなくて、人のソフト部分の向上が書けていたらここは可で
しょう。

38

②評価２　実施体制がある

　　ここは、設備導入の、シミュレーションがいかに真剣になされているかの詳細さが必要です。

ここでは一定の記述量が必要です。

・組織のこと（担当者のこと）

・スケジュールのこと

これがメインです。

スケジュールなどは書き方で真剣に考えているかどうかは一目瞭然になってしまいます。

実現可能性があるかについては資金の調達可能性の問題もありますが、これは決算書・資金力でも見られます。この資金力の問題は非統制要因です。

③評価３　マーケットを捉えている

　　これは、単純に市場規模が書けているかどうかなので市場データが要ります。

部品であれば、最終製品の市場規模で測るなど類推が入ってもかまいません。

具体的に該当の県の需要まで落とせるときは、自社計画のシェアを出してみるなどすればより、計画の精密度合が上がります。

④評価４　技術課題が把握できている

　　ここが問題です。ほとんどの企業で書けていません。

なぜ、設備投資するかと言う経営課題は書けていることの方が多いようですがここでの問いはクリアーすべき技術課題です。

ここで、技術的な課題を解決することにより技術の高度化に結びつけるという意味あいがあります。

実施体制のところと同様に真剣にシミュレーションしないと出ないところで最終評価にかなり響きます。

第3部　経済産業省補助金編

⑤評価5　技術優位性がある

　これが、微妙なところです。

当社は、――技術に置いて優位性がある。と自ら書くのはどんなものでしょうか?

例えば、この言葉を書く代わりに、この技術において、当社は、―――賞を受けているというのは第3者評価なので良いでしょう。

次の方法は、技術課題のところで、本設備導入に置いて、＊＊＊について誤差±　とするという細緻な課題を出して、それをする技術力があると思わせるのもひとつです。

いずれにしても、申請書全体を人の技術を中心に書くことです。

⑥評価6　モデル化となる、経済効果がある

　ここも技術優位性と同様、自社サイドから書きにくいことです。

効果で代表的なものは、雇用創出です。

モデル化についても、「当社は――――において地域のモデル化になりえる」という表現はどうでしょうか?当社も制度発足当時には、アドバイス時にそのようなアピールを心がけてきましたが、審査トレンドの変化の中でアピールのしすぎはマイナス評価になり、出来るだけシンプルな方が良いのであれば、強調し過ぎることなくさりげなくアピールすべきです。

経済波及効果として、「雇用」「事業継承」の効果があるならば、申請書内にそのアピールは欲しいところです。

(5)　IoTコース設定の理解

　名称は微妙に変わっていますがここではIoTコースとします。

　2016年より高度生産性設備として、3,000万補助のコースが新設されました。(以前より1,000万以上のコースは成長コースなどの名称でありました)

その高度生産性設備コースの中で、IoTコースと最新モデルコースに分

40

けられました。２０１６年に補正予算で再度公募をされた時には、最新モデルコースは消えて、

まず、なぜ、このコースが出来たかということを理解しましょう。

これが、重要です。

なぜなら、この理解度で書く内容が変わってくるからです。

ＩｏＴとは Internet of Things の略でまずは、ネットで繋がっているということです。

これが、製造業者→流通業者→消費者という縦の流れと製造業者同士という横のつながりがあり、これが分かりにくさの要因になっています。

また、製造物⇔ユーザーという繋がりのケースもあると思います。

人口よりインターネットＴｈｉｎｇｓの数の方が多くなっている時代という時はこの製造物（家電など）をＴｈｉｎｇｓは示します。

ここで、→消費者という流れの逆、←消費者の場合もあるでしょう？

ここを常に双方向性にするという考えをスマートといいます。

前項で説明したように、消費者、ユーザーの言い分を聞いて、コストをかけてマイナーチェンジするということではなくて、そういう双方向性のシステムを組み最も望まれるものを市場に送り出すという事です。

(6) ＩｏＴコースでのキーズレーズ

①ユーザー・消費者とのつながりを意識した開発主旨を書く

　なぜ、これが必要なのかは、解説した通りです。

表現例として将来展望欄に

・今回のＩｏＴ連携によって、より業界のニーズに近づき、フレキシブルな生産体制で市場で生きる技術開発を行う。

というような表現を入れます。

　今回の投資が工場内の横連携でのネットワークであっても将来的なこととしてこのユーザーへの縦のつながりを意識したアピールはするべきです。

→申請書モデルに　ＩｏＴコース　アドバイス１として明示

第3部　経済産業省補助金編

②開発工程、テストは当然多段階になる

　考えられるのは、

・　設備単体でのテスト

・　つながっているので連携テスト

・　クライアントも絡んだモニターテスト

この項目も実際の導入時には出来ているのに申請書上は「テスト」の一言で示す会社がほとんどです。

　それはシミュレーション力の不足です。→申請書モデルに　ＩｏＴコース　アドバイス２として明示

③課題事項に　標準化、モジュラー化の検討

　これも解説してきたところで、「量産化」の検討の場合もあります。

→申請書モデルに　ＩｏＴコース　アドバイス３として明示

④課題事項に　情報セキュリテイの検討

　これは、システムとして繋がるからです。

　この課題一行で「ああ、真剣にシミュレーションしているな」との感触になります。

→申請書モデルに　ＩｏＴコース　アドバイス４として明示

⑤ＩｏＴ連携図は一般の人にもわかるビジュアルで！

　これは、一般の人にも分かるというのがみそのところです。

申請書モデルに　明示していることは、連携した業務ルーテインからのデータを分析活用することです。

最終目的は川下ニーズを計るということです。

→申請書モデルに　ＩｏＴコース　アドバイス５として明示

⑥データ収集の定義を！

　これもほとんどの申請書で書けていません。

何のために収集して、どのように活用するのかを明示すればかなりの差別化になります。

→申請書モデルに　ＩｏＴコース　アドバイス６として明示

⑦事業計画書は丁寧さでアピール

→申請書モデルに　ＩｏＴコース　アドバイス７として明示

(7)　申請書解説

　審査のトレンドを察知しましたので、参考記入書式も簡素化しました。申請書でのチェックポイントは審査員の視点と連動させてあります。ＩｏＴコース選択の場合はものづくり補助金の申請アドバイスも踏むべきであり、２階建て構造を示しています。概況を事実通りうめる頁は省略しています。

第3部　経済産業省補助金編

２．事業内容（枠に収まらない場合は、適宜拡げてください。複数ページになっても結構です）

（１）事業計画名（３０字程度）

＊＊＊削盤による高精度金型の短納期化のための生産体制の改善					
本事業で取り組む対象分野となる業種（日本標準産業分類、中分類）	コード	E-24	名　称	金属製品製造業	

（２）事業計画の概要（１００字程度）

自動車業界よりの部品の高耐久性の要求によって、当社の放電加工の――技術の応用開発により高い表面改質技術を試作開発する。高精度・高速加工を図るため……の導入を図り精密加工技術の高度化に資する技術開発をする。

（※）（１）事業計画名に則って、現状の課題を明確にし、下記（４）事業の具体的な内容による効果を記載してください。

また、公表して支障のあるノウハウや知的財産権等を含む内容は記載しないでください。

本事業で導入予定の機械装置等の名称（機械装置等の名称、型式が決まっていない場合は機種名でも可）	精密平面研削盤
	内容が設備投資の場合は試作開発と書かないこと（今回、説明会での指示）

（３）対象類型の分野

中小ものづくり高度化法の１２分野の技術との関連性（公募要領○○ページ）について、該当する項目に☑を付してください（複数選択可）。

□デザイン	□情報処理	☑精密加工	□製造環境
□接合・実装	□立体造形	□表面処理	□機械制御
□複合・新機能材料	□材料製造プロセス	□バイオ	□測定計測

（４）事業の具体的な内容（※主にこの内容を審査委員会で審査します（記載の分量で判断するものではありません）。

【実施計画】

・（場所）にて、（導入設備である）――を用いて、――工法の試作開発の実現をして、――製品の品質アップを目指します。

　　評価１　対応箇所
　　試作開発の目的性の明示、革新的サービスコースは「革新的サービスを実現する」

・（具体的に工法の解説）・・・
開発に際しては、

・従来にない少量ずつの加工に対応ができ、更に小ロットでも相談に来れる体制作りをする。

・海外含むユーザーにも確かな生産システムでありコスト要求にも対応できることをアピールしていく。

　設備――を導入して、以下の技術課題項目をクリアーしていくことにより、　の精密加工の高度化を図ります。

　設備――を導入して、以下の技術課題項目をクリアーしていくことにより、　の精密加工の高度化を図ります。

　　冒頭は再度何をするかを簡潔に！ 箇条書きも活用

【組織図】

　山田○男―――――　山田○夫―――――　高田◆夫　―――――？？？？
　（統括―部長）　　（実施責任―課長）　（品質担当）　（試作・検査・教育担当）→パート採用

　　ここから次頁、行程内容説明までが評価２
　　実施体制対応

44

第5章 経済産業省メジャーな補助金解説

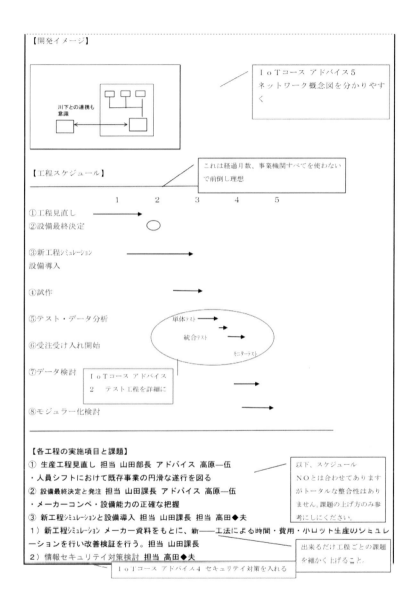

第3部　経済産業省補助金編

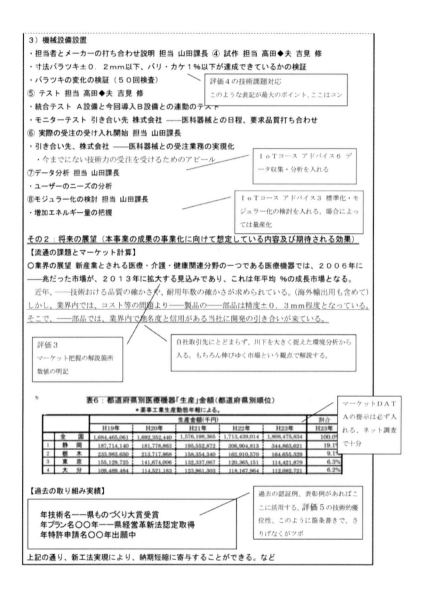

第5章　経済産業省メジャーな補助金解説

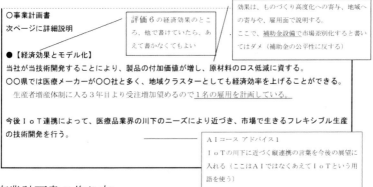

(8) 事業計画書の作り方

　多くの人が書き方が分かっていませんので、ここでしっかりとしたものを作り上げてください。差別化につながります。これだけ最後に作ろうというのは間違った考え方です。→ＩｏＴコース　アドバイス７

○会社全体の事業計画　　　　　　　　　　　　　　　　　　　　　（単位：千円）

	直近期末※1 (年 月期)	1年後※1 (年 月期)	2年後 (年 月期)	3年後 (年 月期)	4年後 (年 月期)	5年後 (年 月期)
①売上高	380,000	382,000	386,000	390,000	392,000	395,000
②営業利益	2,000	2,000	3,500	4,500	5,500	6,000
③営業外費用	1,000	1,000	1,000	1,000	1,000	1,000
経常利益※1(②-③)	1,000	1,000	2,500	3,500	4,500	5,000
伸び率（％）※3		100.0%	250.0%	350.0%	450.0%	500.0%
④人件費	120,000	122,000	125,000	126,000	126,000	129,000
⑤減価償却費	800	5,400	5,300	5,300	5,300	5,300
付加価値額(②+④+⑤)	121,800	129,400	133,000	135,900	136,800	140,300
伸び率（％）※3		106.2%	109.2%	111.6%	112.3%	115.2%
⑥設備投資額※4		45,000				

※1　直近期末は補助金事業実施の前年度期末決算（実績又は見込み）、1年後は補助金事業実施年度期末決算（計画）を指します。
　　　また、創業まもなく、当該年度の期末を迎えていない場合は、直近期末欄に応募時点の見込み数値を記入し、1年後以降の計画額（見通し）を記入してください。
※2　経常利益の算出は、営業外収益を含めません。
※3　伸び率は、直近期末を基準に計算してください（前年同期比ではありません）。
※4　補助事業実施年度に会社全体での設備の取得価額の合計額を記入してください。

① 前提事項

　基本的に分かっていなくてはならないのは、

・一番左の直近期末は「過去の直近の実績」です。

・経常利益と付加価値額の伸び率は前年比ではなく一番左の直近実績との

47

比較です。

・人件費には役員報酬は入りません。従業員の給与、賞与、退職金、福利厚生費です。

販売管理の中に給与があればそれも入ります。

・減価償却費は、今回投資設備の耐用年数で割り算したものを乗せてください。

以下に一般的注意事項を解説します。

・売上は増加が望ましい。設備投資額（表の１年度の最下段）より妥当な売上額が望ましい。投資効果の見られない売上ラインを形成している申請書を良く見ます。

・利益率も通常投資効果で向上するのが妥当

・人件費も微増ラインを描くのが望ましい。(明らかにリストラ路線は審査で敬遠される)

・減価償却費は、必ず、今回投資を加味すること。

これで、通常は付加価値比率は経営革新の条件である年率３％、５年で１５％をクリアーします。

□ものづくり補助金申請のポイント纏め□

・取引先との関係だけでなく川下産業の需要動向を踏まえた外部環境分析をする

・実施体制はできるだけ細かくシミュレーションをしてクリアすべき技術課題を把握する。

・設備よりも一の技術を中心に書く

・業種業態のイメージをできるだけ狭めて書く

２．地域創造的起業補助金（創業補助金）

(1)制度主旨

　この補助金の目的は開廃業率の向上で、これは新規創業─廃業という算式になります。事業継承補助金は２０１７年補正予算分より創業促進補助金から分離されました。

海外型という形には無理があり２０１３年のみで消えました。

(2)制度発足からの経緯

　初年度は４０．８％の採択率となりました。

第３回で、海外需要型の申請数が落ち、２０１４年にはこのタイプはなくなりました。そのプランの多くが取り下げられたものと思われます。

２０１４年はトータルで３３．８％の採択率でした。

また、２０１４年は海外需要獲得型が一般創業枠に組み込まれ、全てのタイプで上限は２００万とされましたので海外型と二次創業型は５００万から大幅減額となりました。

これは、ひとつにはその２タイプの採択者がその後、ランニングでうまく行っていないことを示しています。

ある意味これは予想された事態であり、補助金は調達面での助けにはなりますが確かな売上を掴んでいくということまで保証はしてくれません。特に海外型は海外での領収書が補助金で落ちにくいスキームになっているため進出地でのマーケティング時点での頓挫が多く見受けられる状況になっています。補助金事業取り下げも出ています。

２０１５年は合計で、５８．８％の採択率となりましたが、第２回募集からは、認定市町村のみで行われ、６６．２％とかなり上昇しました。これには、採択率を上げ過ぎたのではという反省も出ています。

その他にも、採択率が上がった背景には、過去の不採択者であきらめた人が抜けて行って申請数が落ちたことも要因の一つです。

第3部　経済産業省補助金編

　２０１６年も認定市町村の創業のみで公募されましたが、前回の反省より、採択率は４．７％と一転、厳しくなりました。

　２０１７年はその反動が出たのか採択率は１４．７％まで回復しましたが申請件数、採択数とも減少し１県では１〜２件と補助金としての注目度（魅力？）は低下傾向にあります。

2013年　創業補助金

	申請数	採択数	採択率	内一般創業	内海外型	内第二創業
第1回	634	526	83.0%	411	62	53
第2回	2,302	1,724	74.9%	1,347	248	129
第3回	7,800	2,125	27.2%	1,795	197	133
合計	10,736	4,375	40.8%	3,553	507	315

2014年　創業補助金

	申請数	採択数	採択率	内一般創業	内第二創業
先行審査	1,593	761	47.8%	744	17
最終審査	7,649	2,363	30.9%	2290	73
合計	9,242	3,124	33.8%	3,034	90

2015年　創業補助金

	申請数	採択数	採択率	内一般創業	内第二創業
第1回（補正予算）	2,984	1,669	55.9%	1,631	38
第2回（本予算）	1,170	775	66.2%	756	19
合計	4,154	2,444	58.8%	2,387	57

2016年　創業補助金

	申請数	採択数	採択率
全1回	2,866	136	4.7%

2017年　　創業補助金

	申請数	採択数	採択率
全1回	739	109	14.7%

(3)制度内容

補助金上限額・・・外部資金調達がない場合　50万円以上 100万円以内

外部資金調達がある場合　50万円以上200万円以内

補助率　補助対象と認められる経費の1/2以内

・事業実施完了日までに、計画した補助事業の遂行のために新たに従業員を1名以上雇い入れなければなりません。

・本補助金の申請に際しては、産業競争力強化法に基づく認定市区町村又は認定連携創業支援事業者による認定特定創業支援事業の支援を受ける必要があります。

(4)採択確率を上げる考え方

　では、次年度に向けて準備はいかにしていったらよいのでしょうか。

①しっかりとした準備態勢

②確実にアシストしてくれる支援機関探し

③テーマの絞込み、ストーリー性の創出

ということが考えられます。

①は、当然のことです。

例えば、初回公募の締切りに間に合うように提出している人はそういう人たちです。

②は特に事業の実現可能性の面で、いかに論理構築していくかをアドバイスしてくれるところが良いでしょう。

支援機関については関東方面の信用金庫がかなり奮戦していましたが、私の感触では金融機関には温度差がかなりあります。

会計事務所なども優秀な機関はあります。現在ではミラサポという制度がありますので要所で無料アドバイスして貰うことも可能です（回数制限はあります）。

地場産業・伝統産業に関する事業を志向する人は，商工会，金融機関も地元地域を支えねばならないという意識がありますので、地域の機関を頼って駆け込んでください。

審査でもこれらの要素を加味した事業は採点で加点方向に出ますので、補

第3部　経済産業省補助金編

助金活用すべきです。

③は、採択されたテーマ名を是非、参考にしてください。

ポイントは何といってもキャッチコピー（題のつけ方）です。

一般的に創業志望者は事業コンセプトの絞り込みが甘くなります。

幅広い層に様々な商品・サービスを提供したいという気持ちから起こることですが、事業を成り立たせるために、提供する商品・サービスと対象顧客に絞り込みが必要というのは分かるでしょう。

実際に絞込みをした題が多く採択されています。

ただし、そういう題で採択された分が実際にうまくいっているかというとそれは全く別問題ということも申し上げておきます。

これは、不思議なことではなく、それが社会性を持った起業家の実態だということです。

(5)審査要綱

主な審査点は、以下のとおりです。

①事業の独創性

　技術やノウハウ、アイディアに基づき、ターゲットとする顧客や市場にとって新たな価値を生み出す商品、サービス、又はそれらの提供方法を有する事業を自ら編み出していること。

②事業の実現可能性

　商品・サービスのコンセプト及びその具体化までの手法やプロセスがより明確となっていること。

事業実施に必要な人員の確保に目途が立っていること。販売先等の事業パートナーが明確になっていること。

③事業の収益性

　ターゲットとする顧客や市場が明確で、商品、サービス、又はそれらの提供方法に対するニーズを的確に捉えており、事業全体の収益性の見通しについて、より妥当性と信頼性があること。

④事業の継続性

　予定していた販売先が確保できないなど計画どおり進まない場合も事業が継続されるよう対応が考えられていること。

事業実施内容と実施スケジュールが明確になっていること。また、売上・利益計画が妥当性・信頼性があること。

⑤資金調達の見込み

　金融機関の外部資金による調達が十分見込めること。

となっています。

⑥認定機関の確認書が添付されていること。

　創業補助金においては、この審査要綱を頭の中で多少修正すべきです。例えば、インターネットビジネスで真に独創性のあるプランを思いついたとしてもそれが必ずしも採択されるわけではありません。

①の事業の独創性の中に社会性（公共性とまでは言わない）の要素が入っていないと採択されにくくなります。

③の事業の収益性の評価ではあまりにも採算性にこだわったネットビジネスなどのプランの場合は採択されにくくなるという矛盾した状況があります。

これは国が出す補助金の公的性格上やむをえない面もあります。

当社では、収益性に重点が置かれ、かつその実現性が高い場合は、創業者借入の方をアドバイスしています。

次に②事業の実現可能性と④事業の継続性では、いかに詳細にプランが詰められているかがポイントとなります。

・行動計画のブレイクダウン

・しっかりとしたマーケティングリサーチ

・許認可などの法的事項クリアー

などが視点となります。

⑤の資金調達の見込みについては創業者の場合、既存の決算書がありませ

第3部　経済産業省補助金編

んので、自己資金の保有高などでしか審査出来ません。

それ以前に金融機関の確認が申請の条件になっているので申請までにチェックはある程度は掛かっていると審査員は見ていると思います。

今後の大きな方向性として創業補助金これは継続しないとやむを得ない面があります地域との関係強化を模索する動きがありますが効果はあまり出ていません。

(5)申請書のポイント

　ここで説明することは主に心構え的なことになります。

創業は補助金を得るよりも実際にランニングで成功することの方が重要だからです。

・地域のために何をするのかという視点で組み立てること。

結果的に地域性のあるテーマが採択されています。

これは、国が創業者に求めるのは「社会起業家」のイメージだということです。

どうしても、これに合わない場合は無理して申請することはありません。

・頭の中で複数年のシミュレーションをすること。

実際に創業キックオフしてからの複数年の人物金の動きを具体的に考えてみましょう。

　進まない場合は串刺し方式で想定すべき要素を書き出して全ての年度での出来事を想定してみるのがコツです。

申請書の中に6年の行動計画を書く（4）6カ年計画という欄がありますが、ここの内容のうまりかたで頭の中で真剣に考えた人とそうでない人の差は歴然と出てしまいます。

・最低限の会計の知識を持つこと。

会計をどれほど理解しているかは申請書に反映されます。

申請書内の事例で説明します。④本事業全体に係る資金計画、⑥売上・利

54

益等の計画、（６）経費明細表は相互に関連しています。

この３表の中で、④本事業全体に係る資金計画の中で必要な資金欄では運転資金をいかに出すかで、運転資金算出の知識が要ります。

また調達欄で、自己資金と補助金額を合計し足りない分を安易に売上からの流用で持って来ては行けません。

ここで、会計知識の無いことが露見します。

この資金計画表は資金繰り表を一枚の表にしたものですから、初年度の資金繰り表を作り、毎月の収入、支出を出して、自己資金額がどう動くかを想定して、収支プラスになっている分だけが、流用できるということです。

そこで、足りない場合はどうするかというと事業終了後に補助金が、一括で入金されるまで、金融機関等に支援を仰がねばなりません。

　最後に意味深いことを申し上げますとテクニックで創業補助金に採択にされても、幸せにはなれないということです。

現実的にもこの補正予算による創業補助金制度が始まってから、採択されたがために人生を誤ってしまった人が多くいます。（ただし、その失敗を糧にその後の人生で挽回されているかもしれません、そこまでは分かりません）

本来は、資金的には誰の力も借りずゼロから始め試行錯誤しながら実践していく方が創業時の立ち上げには合っているからです。

□創業補助金申請のポイント纏め□

・テーマに社会的意義を込める

・創業のステップは細かくシュミレーションして具体的施策を考える

・その具体的施策を実行したら売上などはいかになるか数字に反映させる

第3部　経済産業省補助金編

(6)申請書解説

氏名・住所など事実だけ書く箇所は省略します。

（2）事業内容

①事業の具体的内容（フランチャイズ契約を締結し、行う事業ですか→□はい・□いいえ）

書くべきこと、書く流れは以下の通りです。

マーケティングの視点

- ・世の中で、どのように役に立つのかを簡潔に！

　消費者側からの視点（ベネフィット）が書けているか？

　がひとつのポイントです。ともすれば、自分の思いだけを書いてしまいます。

- ・マーケティングは狭いターゲットで、ニーズを絞る

　マーケット定義が出来ているか？それが絞れているか？

　計算が出来ているか？は必ず審査で見られる点です。実際には広くターゲットを取れるプランの人

　も、初めに切り込むマーケットは狭めましょう。

実現可能性の視点

創業者が努力できる項目として

- ・マーケットの把握をインターネット文献調査だけでなく、実際アンケートを取るなど市場（地域性）に

　近づく努力をすることがポイント

- ・類似業種があるかを調べることが必要。実際に先行事例があるケース多く、その場合は相違点の明記が

　必要。

　これら全てが、このプランの差別的優位性の立証の根拠となります。

踏むべき形式

これが唯一の形式と言うことではありません。ケースバイケースで考えてください！

事業計画概要

　　長文にならないよう注意

事業スキームイメージ

　　事業フローチャートなど

商品・サービスのイメージ

　　画像添付が効果的です。商品や店舗に加え「人」が映るように工夫してください。

類似業種調査

　　ここから差別的優位性のところまでは一連の流れとなります。

自社商品・サービスのマーケティング

　　ここが、創業者の最も弱いところであり、審査で重視されるところです。

　　売り上げ実現に対してどれだけ、努力して近づいているかを見るところです。

法律適合調査

　　意外にこの項は審査員に効きます。

差別的優位性

　　どこが優勢なのかはっきりと書くこと

販売促進法

　　ここは、「具体的に」がポイントです。

56

第５章　経済産業省メジャーな補助金解説

②本事業の動機・きっかけ及び将来の展望

> 過去歩んできた道と事業との整合性をアピールする

③本事業の知識、経験、人脈、熱意

> 書くべき人脈は仕入れ・技術・仕事提携先
> 必要資格は必ず書く

④本事業全体に係る資金計画（新事業の立ち上げ（準備が　　　　　　　　　　　　　資金と調達方法を記載してください。）

（単位：千円）

	必要な資金	金額	調達の方法	金額
設備資金	（内容）		自己資金	
			金融機関からの借入金	
	補助金で揃える場合は（4）経費明細との一致		（調達先）	
			虚偽の数字を載せると採択されても後で苦労します。	
			その他（**本事業の売上金、親族からの借入金等**）	
	設備資金の合計		（内容）売り上げは確実に上がるビジネスなので、資金繰り上回せる金額のみを割り出した。	
運転資金	（内容）		**補助金交付希望額**	
			（（4）経費明細表（C）の額と一致。補助金は補助事業実施期間終了後に検査を経てお支払する形となりますので、補助金支払いまでの間、応募者ご自身で補助金交付希望額相当額を手当していただく必要があります。その手当方法について、下表《補助金交付希望額相当額の手当方法》に記載してください。）	
	運転資金は支払の1．5〜2カ月程度を乗せておく。			
	清算払いなので年間の事業終了後に入ってくる。下はその間の資金手当で			
	運転資金の合計			
	合　　計		合　　計	

《外部資金調達について》

【外部資金の調達見込みについて】

□ a．既に調達済み
□ b．補助事業期間中に調達見込みがある
□ c．外部資金調達の予定なし

外部資金調達の有無により補助金上限額が変わります

《外部資金調達がある場合》
a．b．の場合、補助金申請額の上限は200万。
ただし、補助対象経費合計額の1/2以内　且つ50万円以上、200万円以内の金額を記載すること、円単位未満切捨て

《外部資金調達がない場合》
補助金申請額の上限は100万。
ただし、補助対象経費合計額の1/2以内　且つ50万円以上、100万円以内の金額を記載し、円単位未満切捨

《補助金交付希望額相当額の手当方法》

（単位：千円）

方法	金額
自己資金	
金融機関からの借入金	
（　　　　　　　　）	
その他（　　　　　　）	
合計額（（6）補助対象経費明細表の補助金交付申請予定額と一致）	

> 注意！外部調達があるかどうかで補助金限度額が変わりました。借入する方が大きくなりますが、金融機関づきあいが必要になります！

第3部　経済産業省補助金編

⑥売上・利益等の計画

(4) 6カ年計画
①6カ年事業スケジュール　6年間の事業の展開を分かりやすく説明してください

実施時期	具体的な実施内容
1年目	
2年目	
3年目	
4年目	
5年目	
6年目	

人材・エリア・ノウハウなどの切り口で絞り出して書く

②6カ年の売上・利益等の計画（税抜）
「①6カ年事業スケジュール」を元に6年間の売上、利益、経費、従業員の推移が分かる計画を記載してください。（単位：千円）

	1年目 （　年　月～　年　月）	2年目 （　年　月～　年　月）	3年目 （　年　月～　年　月）	4年目 （　年　月～　年　月）	5年目 （　年　月～　年　月）	6年目 （　年　月～　年　月）
(a) 売上高	6,960 千円	10,440 千円	13,323 千円	15,000 千円	15,500 千円	16,000 千円
(b) 売上原価	1,740 千円	2,610 千円	2,775 千円	3,000 千円	3,200 千円	3,500 千円
(c) 売上総利益 （a-b）	5,220 千円	7,830 千円	10,548 千円	12,000 千円	12,300 千円	12,500 千円
(d) 販売管理費	4,080 千円	5,520 千円	5,520 千円	7,000 千円	7,200 千円	7,200 千円
(e) 営業利益 （c-d）	1,140 千円	2,310 千円	5,028 千円	5,000 千円	5,100 千円	5,300 千円
従事員数	1 人	1 人	1 人	2 人	2 人	2 人

1年目に含まれる補助事業期間について
（必須要件）
1名以上の雇用の見込みはありますか？

☐ あり　　☐ なし

支給要件として1名以上必要

第5章　経済産業省メジャーな補助金解説

(5)ビジネスプランコンテストの受賞や他の補助金等の実績説明（該当案件がある場合のみ記載）

＜ビジネスプランコンテストの受賞実績＞		＜他の補助金を受けた又は受ける（申請検討中を含む）実績＞	
①コンテストの名称		①補助金・委託費名称	
②主催/後援		②事業主体/関係省庁等	
③受賞した内容		③テーマ名	
④受賞時期　　　平成　　年　　月　　日		④実施時期/補助金等金額　　　／　　　千円	

(6)補助対象経費明細表

「『(3)本事業全体に係る資金計画』の内容の中から、補助事業期間中に補助対象とするものⓌを記載してください。補助事業期間は平成30年8月上旬頃～最長平成30年12月31日迄です。月数按分の場合はこの期間を基準に計画してください。）　　（単位：円税抜）
※補助対象とするものとは…必要事項Ⓦ等に記載された、補助対象経費のことです。

経費区分		(1)補助対象経費 （消費税抜金額）	(3)補助対象経費の内訳 （積算明細）
Ⅰ人件費	①人件費		
Ⅱ事業費	①店舗等借入費		
	②設備費		
	③原材料費		
	④知的財産権等関連経費		
	⑤謝金		
	⑥旅費		
	⑦マーケティング調査費		
	⑧広報費		
	⑨外注費		
Ⅲ委託費	①委託費		
合　計　額		0	

補助金交付申請予定額

《外部資金調達が見込まれる場合》
補助金申請額の上限は200万、
ただし、補助対象経費合計額の1/2以内　且つ50万円以上、200万円以内の金額を算定すること。円未満は切捨て

《外部資金調達がない場合》
補助金申請額の上限は100万、
ただし、補助対象経費合計額の1/2以内　且つ50万円以上、100万円以内の金額を算定すること。円未満は切捨て

　　　　　円

④本事業に係る
資金計画に一致

59

第3部　経済産業省補助金編

３．事業継承補助金

(1)主旨

　第二創業という名称で創業促進補助金の中にあったコースが独立したものです。主旨は、時代にマッチしなくなった業種をこのまま放置して置くと廃業に追い込まれる危険性が高いので前経営者から業態を変えて事業継承して欲しいと言う意図だと思われますが、旧事業からの新事業へのシフトは意外と資金と労力のかかるもので、補助金限度額２００万からみて十分と言えず、いささか無理に補助金スキームにあてはめている感もあります。近年では、継承者が前経営者の資産を除去する費用が３００万認められるようにはなっています。自己資金率は３分の１です。（小規模企業者の規模を超える法人は１５０万限度、除去費上限は２２５万円、２分の１補助となります）

　基本的なスキームは従来の創業促進補助金と同じですが、事業継承ならではの審査ポイントがありますので審査員の視点という切り口でポイント解説いたしました。

　採択数は２０１５年、５７件、２０１６年、全国で２件でした。

　２０１７年は、絞り過ぎた反省からか５６件と多少増えましたが県あたり１～２件ですので依然として、狭き門です。

　以下、画像解説していますが、必ずしもビジュアルとして載せよと言う意味ではありません。近年の審査の傾向として、ビジュアル満載の申請書は嫌われる傾向にあるようです。

　よって、以下のような、画像を分かりやすく言葉で解説するころが出来ればベターです。

(2)申請のポイント
①旧業態から新業態へのロジック
　まず２種類の表を例示します。

新旧の業態とマーケットの関係性を示しています。

後段の表の方が深い分析がなされているのが分かると思います。

家電小売店からリフオーム業への移行ですが世帯単位の取引の中で世帯内での権限者が微妙に変わる分析をしています。

この際マーケットが新旧において業態が全く変わってしまうプランでは採択はなされないと思います（旧事業に関係のない新事業の展開ならば改めて事業継承補助金とする意味がないからです）。

ある意味マーケットを引き継いでいくための事業継承という考えです。

なるほどと思えるロジックで証明してください。

多くのケースでまずは顧客が同じと言う顧客シナジー効果を狙う戦略になります。

・飲食業→教室事業への事例

顧客層が重なることに帰結しています。

以下、既存事業飲食業者が文化教室事業をする場合。

	既存事業	新事業	
業種分類	専門料理店 業種分類中分類　　　762	教養・技能教授業 業種分類中分類　　　824	
エリア	地域型　1km半径が80%	地域型　1.5km半径が75% 少しだけ拡張を目指す	大いにシナジー 効果
顧客	地域の人、高齢者・女性で 70%	地域・女性70%は守り 文化教室目当ての人を吸引	
ノウハウ	食材ノウハウ、メニュー作成 料理法、**接客**	**話法、接客**、セミナーコンテンツ 教材作成ノウハウ	
商品・サービス	おばんざい 定食、アルコール類など	文化コンテンツ 教材ツール	

＊どれかにシナジー効果がないと創業と同じになる。
先代の経営の良き経営資源を活用するのがポイント
事例のシナジー効果枠は動かしてください。

・家電小売業→リフオーム業のケース

以下は、業態の違いによる、実権者の違いを認識しながらも相談受け付けからアドバイスする流れを示しています。新事業のメイン顧客層を旧事業と比較して定性的な違いも明確にしているとことからよく細部まで考えられています。

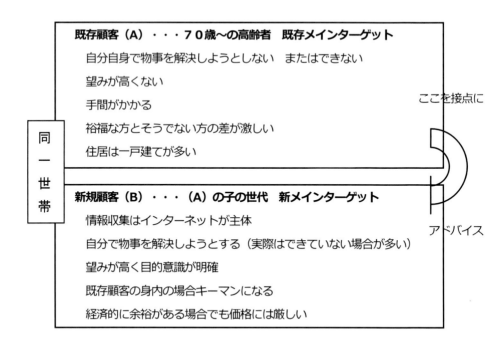

②継承スケジュールの明確化

スケジュールとして、次頁のような表をつけてください。

ここでは時間軸で考えていることが示せれば十分です。

注意点は保証人の交代は代表者交代と時期がずれるということです。

金融機関にとって実力がわからないうちから保証を任せられないと思うのは当然です。

第5章　経済産業省メジャーな補助金解説

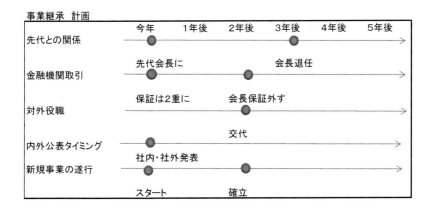

この項目は、どれだけ計画的に考えているかを実証するための資料です。
金融機関の保証以降はタイムラグがあって当然、焦らない
ほとんどの申請者がこれが抜けていると思われます。
ここで差別化しましょう。

③売上・利益計画の数字の根拠

　まず最低限3年以内での経常収支黒字化を目指してください。これが基本です。
これは、再生支援計画のガイドラインから取ってきています。
収支が苦しい業界の場合は1年での黒字化は逆に早すぎるとみられます。
新業態転換後の収支がどのようになっていくかは次の説明を読んで下さい。

　　A　旧事業が生み出すマイナスのキャッシュフロー
　{　内訳B　旧事業のマイナスのキャッシュフロー
　　　　　C　旧事業で背負った借入の返済分
　　D　新事業が生み出すキャッシュフロー
　{　内訳E　新事業が生み出す営業キャッシュフロー
　　　　　F　新事業で借入した場合の返済分
　の差し引きとなる。

第3部　経済産業省補助金編

通常E－Bの差し引きでCとFを償還していく形となります。

Aについては、旧事業のキャッシュフローが順調な場合は、コンサルティング案件としては問題にならずここでは取り上げません。

Aはマイナス分を減らしていく速度、Dはプラス分を増やしていく速度が問題となりますが、多くの場合、希望的観測が計画に入っており、結果、見積もった期間より、E－Bの黒字化への転換が長引きます。ここは、シビアに見た方が審査員にはよく考えられていると言う印象になります。

創業促進補助金においては、補助金による旧債務の返済使途は認められていませんが、最近では後継者のリスクに置いて旧事業の固定資産の除去する費用までは認められるようになりました。

売上、原価、(粗利)までは、内訳の表をつくることをお勧めします。また、事業継承中の資金ショートによる破たんを防ぐためにも補助金申請と同時に冷静に事業体のキャッシュフロー正への転換の期間を分析して金融機関の支援も仰ぐべきです。

(3)配慮したい採択者の心理

　通常は、この事業継承補助金を申し込む事業体は先代の旧事業が業界としては苦しんでいるところとなります。

経済産業省としては、事業継承により、旧事業から事業転換の成功事例を輩出していこうという主旨になります。

そこで、採択されることは名誉なことではありますが、県に数件の採択となると注目されることにより、プレッシャーがかかり過ぎ、逆に、潰れてしまうと言うケースがあると聞いています。

アドバイス側に回る場合はまさに伴奏型の支援で精神的な支援をしてあげる必要があるのではないかと思っています。

64

４．経営持続化補助金

（1）制度主旨

この経営持続化補助金は、以下に掲載した「小規模企業振興基本法（小規模基本法）」に則り制定された補助金で、ものづくり補助金が製造業が想定され作られているのに対して、本補助金の想定は小規模事業者であり「我々は恩恵に預かれない」という批判的な声に応えて作られたものと思われます。

その小規模基本法の条文のポイントとなるところを見てみましょう。

平成２６年制定の小規模基本法

第一章 総則

（目的）

第四条 小規模企業の振興に当たっては、小企業者がその<u>経営資源を有効に活用し、その活力の向上が図られ</u>、その円滑かつ着実な事業の運営が確保されるよう考慮されなければならない。

というのが基本理念です。

この法律の制定は全国 箇所の拠点を持つ商工会の長年の祈願であったと言われ、そのバックボーンから輩出された国会議員の活動があった経緯があります。確かに、我が国を支えてきたのは小規模企業です。

ただし、それは、労働の場（雇用も少し含む）としてであって、納税と経済効果面ではそうであったとは言い難いものがあります。

この小規模企業基本法を受けて作られたのが小規模企業経営持続化補助金です。

注意しなくてはならないのはこの持続化補助金も国のグランドスキームである課題と恩典のステップの中に組み入れられているという事実です。

言葉を代えると小規模企業が申し込めば全ての事業所が当たるという訳ではないということです。

第3部　経済産業省補助金編

ここで言う課題とは「小規模企業であっても明日へのビジョンを持て」という至極当たり前のことであり、そのために、少なくとも自社の置かれている環境分析はしなくてはなりません。

それが条文では「小企業者がその経営資源を有効に活用し、その活力の向上が図られ」というところです。

(2)制度発足当時からの経緯

　この補助金は、商工会議所系と商工会系と2系統あるためか、小規模事業者支援と言う位置付けに配慮したためか、中小企業庁のサイトでは明確に申請数・採択数・採択率は発表されていません。

当社情報では、申請数が2014年の2万件台から、2015年に3万件台突破、採択率は微妙に上下しながらも当初は3社申請につき、2社採択程度の割合ではないかと思われます。2016年は総額予算から減少し、かなり採択件数は減りました。

法の主旨より、小規模事業者に、光をあてる意味で作られた補助金ですので当面は続くと思われますが、競争率は採択者の連続挑戦も含めて激化するでしょう。

(3)審査要綱の分析

　持続化補助金の審査要綱は以下の通りです。

①の申請者の適格性は規模などの適格性のことなので省略します。

②経営方針・目標と今後のプランの適切性

　◇経営方針・目標と今後のプランは、自社の強みを踏まえたものとなっているか。

　◇経営方針・目標と今後のプランは、対象とする市場の特性を踏まえているか。

③補助事業計画の有効性

　◇補助事業計画は具体的で、実現可能性が高いものとなっているか。

◇補助事業計画は、経営計画の今後の方針・目標を達成するために必要かつ有効なものか（共同申請の場合：補助事業計画が、全ての共同事業者における、それぞれの経営計画の今後の方針・目標を達成するために必要か）。

◇補助事業計画に創意工夫の特徴があるか。

◇小規模事業者の活力を引き出すモデルとなるものや地方創生に資するもの等、特別な意義があるものであるか。

　ここでは、自社サイドからみた効果に加えて、社会的な意義も書くべきでしょう。

④積算の透明・適切性

　◇事業費積算が明確で、事業実施に必要なものとなっているか。

　持続化補助金で、申請者の念頭にあるのは補助額が５０万（特定の条件に合えば、１００万円）ということであり投資内容が限られてくるということです。そこで、多くは

・Ｓｉｔｅの開設費、強化費

・チラシなどの作成・印刷費用

という広報費用が多くなります。所管はまず事業所アピールをして欲しいという意図があるようなので当初の国の思いとは合致はしています。

　しかし、投資目的が同じとなると申請書差別化要因は因果関係の原因となる自社の環境分析をいかに、きめ細かく行うかということになります。

　ここでも、似たようなプランの競争状態の中では非統制要因である財務基盤がしっかりとしている事業体の方が有利であるとは言えます。また、投資理由をいかにうまく説明できるかがポイントとなります。

(4)申請書解説

　申請書で問われていることは

・自社の置かれている環境をしっかりと捉える。

・強みを生かして明日へのビジョンを作る。

第3部　経済産業省補助金編

というこの２点だけです。

ただし、問われていることがシンプルと言うことは、申請書が似てくるということにもつながりますので、申請書作成で手を抜くことは厳禁です。しっかりとした外部環境分析が必要であり、「不景気で販売単価が落ちている」など、ニュースで言われていることをそのまま書いても不採択になります。

経営環境が悪いならば、なぜそうなっているのかの分析を具体的にしっかりとしてください。補助金限度額が５０万（総事業費は７５万）と今回紹介の補助金の中では一番少額であり、チラシ作成・配布、ホームページの作成・強化が資金使途の大半を占めますので、全体の流れの中で「なるほど、この事業者は、この強みを知らせるために広報が必要だ」と審査員を納得させることが必須です。

　持続化補助金制定の経緯が政治的な背景もあり継続せざるを得ない状況にあります。

連続の採択も可能ですが、５０万と金額が限られていることもあり一度通ればリピート申請は遠慮して、他の人に席を譲るぐらいの気持ちの余裕が必要かと思われます。

□持続化補助金申請のポイント纏め□

・事業所の強みは何であるかを具体的に数字で実証する

・投資による社会的波及効果も考える

第5章　経済産業省メジャーな補助金解説

５．省エネ促進補助金

省エネ促進補助金は、新たな補正予算措置として、２０１５年から始まりました。

(1)制度発足からの経緯

２０１５年は、公募要綱にうたわれていた通り、受け付け順に随時審査という審査方法で予算が消化されれば、終了という形でしたので採択率という考えは当てはまりませんでした。

結果は、夏を待たずにＡ類型、Ｂ類型とも予算消化で公募終了しました。」Ａ類型 最新モデル導入型 Ｂ類型 省エネ促進型と言われるもので、２０１５年に初めて補正予算で公募がなされました。

２０１６年は、設備が、高効率照明・高効率空調・産業ヒートポンプ・業務用給湯器・高性能ボイラ・低炭素工業炉・変圧器・冷凍冷蔵庫・ＦＥＭＳ（工場向けエネルギーマネジメントシステム）に限られ、しかも、その設備の中で、トップランナーに限られました（トップランナーとはその名の通り最も性能の良い設備のことです）。

２０１７年はエネルギー使用合理化等事業者支援事業として 672.6 億円が予算化されました。

２０１８年は省エネ予算が、予算は削減されています。これは、省エネがかなり浸透し、実際電力需要も余剰電力が出ていることから、従来からの補助金予算が必要ないであろうという方向性だと思われます。

(2)エネルギー使用合理化等事業者支援事業（省エネ補助金）
【１．補助対象者】全業種の法人及び個人事業主
【２．間接補助対象事業】
（１）工場・事業場単位での省エネルギー設備導入事業既設設備・システムの入替えや製造プロセスの改善等の改修やエネルギーマネジメントシス

69

第3部　経済産業省補助金編

テムの導入により、工場・事業場等における省エネ・電力ピーク対策を行う事業。

（2）設備単位での省エネルギー設備導入事業既設設備を補助対象設備ごとに定められた、省エネルギー効果の高い設備への更新を行う事業。

【3．補助対象設備】

（1）工場・事業場単位での省エネルギー設備導入事業一定の要件を満たす全ての設備を対象とする。※具体的な要件については、経済産業省と協議の上決定します。

（2）設備単位での省エネルギー設備導入事業平成27年7月に策定された「長期エネルギー需給見通し」における省エネ量の根拠となった産業・業務用の設備のうち、業種横断的に使用される省エネルギー性能の高い機器又は設備を対象とします。補助対象設備は以下のとおり。

＜補助対象設備＞

①高効率照明

②高効率空調

③産業ヒートポンプ

④業務用給湯器

⑤高性能ボイラ

⑥高効率コージェネレーション

⑦低炭素工業炉

⑧変圧器

⑨冷凍冷蔵庫

⑩産業用モータ

※具体的な基準については、経済産業省と協議の上決定します。

なお、トップランナー制度対象機器の場合、トップランナー基準以上の設備を補助対象とします。

第5章　経済産業省メジャーな補助金解説

【4．間接補助対象経費（消費税及び地方消費税額は対象外）】

（1）工場・事業場単位での省エネルギー設備導入事業【2．間接補助対象事業】に要する経費のうち、機器又は設備の設計費・設備費・工事費

（2）設備単位での省エネルギー設備導入事業【2．間接補助対象事業】に要する経費のうち、機器又は設備の設備費

【5．1事業当たりの補助率】

（1）工場・事業場単位での省エネルギー設備導入事業1／4以内、1／3以内、1／2以内とします。

※なお、補助限度額（上限額及び下限額）については、経済産業省と協議の上、決定します。

（2）設備単位での省エネルギー設備導入事業1／3以内とします。

※なお、補助限度額（上限額及び下限額）については、経済産業省と協議の上、決定します。

【6．募集方法】一定期間の公募により実施します。

　応募倍率が高く、近年は3倍を超えてきています。その中で、補助率もアップするエネマネ事業者経由の申請が増えています。エネマネ事業者の場合は、測定機器を導入して省エネ効果を測定しますが、それによって補助率が上がるため、結果的に費用が高くなっても最終的には損にはならず、かえって採択率が上がるため、利用者が増加している。エネマネ事業者によっては採択率100％などという業者も現れている。

(3)平成29年度補正予算　省エネルギー設備の導入・運用改善による中小企業等の生産性革命促進事業

【1．補助対象者】

　全業種の法人及び個人事業主

【2．間接補助対象事業】

　工場・事業場等における既存の設備等を省エネルギー性能の高い機器又は設備に更新するとともに、導入した設備等に係るエネルギー使用量等を

71

第3部　経済産業省補助金編

系統的に整理、蓄積するために必要となる計測装置等を導入する事業

【3．補助対象設備】

　平成27年7月に策定された「長期エネルギー需給見通し」における省エネ量の根拠となった産業・業務用の設備のうち、業種横断的に使用される省エネルギー性能の高い機器又は設備及びエネルギー使用量等を計測、蓄積するために必要な装置等を対象とする。補助対象設備は以下のとおり。

　＜補助対象設備＞

①高効率照明

②高効率空調

③産業ヒートポンプ

④業務用給湯器

⑤高性能ボイラ

⑥高効率コージェネレーション

⑦低炭素工業炉

⑧冷凍冷蔵庫

⑨産業用モータ

⑩上記①～⑨に付随するエネルギー使用量等を計測するために必要な装置等

　※具体的な基準については、経済産業省と協議の上決定します。

　なお、トップランナー制度対象機器の場合、トップランナー基準以上の設備を補助対象とします。

【4．間接補助対象経費（消費税及び地方消費税額は対象外）】

【2．間接補助対象事業】に要する経費のうち、機器又は設備の購入費（設備費）

【5．1事業当たりの補助率】

　1／3以内　補助額最高3000万円

【6．募集方法】

一定期間の公募により実施します。

　この補助金は、省エネの計測装置を必ず導入して計測結果を示さないといけません。今までは、計測装置を導入すると補助率が上がるということでしたが、これからは計測装置が必須になっていくということで、必ず結果測定をして省エネの証明が必要になってくるということでしょう。

(4)先進対策の効率的実施によるCO_2排出量大幅削減事業（ASSET・アセット事業）

　CO_2排出量とからめた補助金で、設備投資金額が2億円までと大型のため人気があります。しかし、省エネ実測値が目標に満たない場合は、削減できなかった CO_2 を市場から購入しなければならないとされていて、確実に省エネできる数値目標を掲げることが重要です。

　CO_2 の排出量の計算とか事務手続きが多く、この補助金を申請する場合は、かなりの労力が必要にあることをあらかじめ理解してから取り組まないと後から大変な思いをすることになりがちです。

(5)申請のポイント

　申請する際の基準に置いて模索がなされている状況ですが、私はやはり省エネの計り方の基本公式である省エネルギー率と投資資金回収年数が重要であると思います。

省エネルギー率は、導入前後でどれだけ省エネきているかを％で表します。比率は、導入前後でどれだけ省エネ出来ているかを比較します。

ここはメーカーの協力を仰がねばできないところですが、この分野の勉強と思いましょう。

原油換算で比較します。エネルギーには、主なところ電気・ガス・石油の3種類で、それぞれ単位が違いますので同じにするため原油換算の計算式があります。

第3部　経済産業省補助金編

エクセル表に使用量を入力すれば自動に計算されるシートが用意されていますので心配は要りません。「エネルギー使用量の原油換算表」です。省エネルギー率はできるだけ高い方が 省エネとして 高く評価されます。補助金の申請要件としては、原油換算で年1％以上削減することで申請は出来ますが最低でも10％は必要です。導入設備の投資回収年数は、出来るだけ短いほうが評価されます。目安は5年以上10年以内での競争になっています。

　費用対効果は、その年数がより少ないものを費用対効果が高いものとして採択する指針としています。近年は、投資回収年数が 10 年以上の案件は、まず採択されません。7 年以下でないと難しいとも言われています。しかし、逆に短すぎるような場合、たとえば3年未満の場合などは逆に採択されません。その理由は、それだけ効果が高いのであれば、特別な補助金をもらわなくても自前で可能であろうということであります。補助金の使命として、1 企業で負担するのに荷が重いというところをバックアップするというものであるので、3 年未満での回収であればバックアップする必要なしというのが国の見解です。

　省エネ補助金はエネルギーの引き算理論の補助金として注目されていますが大きな広がりを見せてはいません。所管行政が実権を握る形で認定期間が入りにくい形があります。海外ビジネスでも同じですが専門窓口が力を持ちすぎると関与できる人が限られてしまうので広がりは少なくなります。

第6章　国のグランドスキームと経営戦略コンテンツ

1．経営革新法

再度、国の策定スキーム図を見てください。

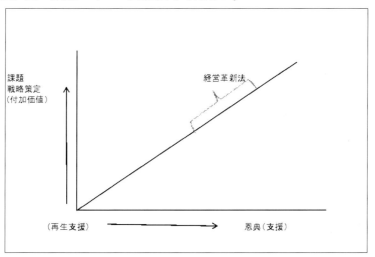

　解説した持続化補助金、ものづくり補助金などは単年度事業で、中小企業が、斜めに駆け上がっていくには一本の線の中では点に近いものです。そこで、複数の年度の戦略をカバーしたものが、経営革新計画です。
これは中小企業新事業活動促進法のひとつの位置付けです。
国の法律ですが運用は地方自治体に委譲されています。
この制度は、補助金直結ではありませんが、ものづくり補助金の革新的サービスの申請書に「経営革新法を取得していますか？」というチェックボックスが出来たことからも分かるように、有形無形での支援措置があります。
しかし、補助金直結ではないこともあり、これを目指す中小企業は補助金

第3部 経済産業省補助金編

に比べて意外に少ないのが実態です。

(1)制度主旨
○次に示す 4 つの「新たな取組（事業活動）」によって、経営の相当程度
　以上の向上を図るものであることが必要です。
① 新商品の開発又は生産
② 新役務の開発又は提供
③ 商品の新たな生産又は販売方式の導入
④ 役務の新たな提供方式の導入その他の新たな事業活動
　新たな取組とは、個々の中小企業者、グループにとって「新たなもの」
であれば、既に他社において採用されている技術・方式を活用する場合に
ついても原則として対象となります。但し、同業他社、同一地域内におい
て既に相当程度普及している技術・方式等の導入については承認の対象外
となります。同一地域とは都道府県と考えてください。
○経営革新計画の計画期間
　承認の対象となる「経営革新計画」の計画期間は、3 年間から 5 年間で
す。
○経営革新計画の計画目標
・付加価値額の向上
　「付加価値額」、または「一人当たりの付加価値額」のいずれかについて、
5 年間計画の場合、5 年後の目標伸び率が１５％以上のものである必要が
あります（計画期間が 3 年間の場合は 9 ％以上、4 年間の場合は１２％以
上）。
付加価値額（営業利益＋人件費＋減価償却費）
一人当たりの付加価値額（付加価値額÷従業員数）
・経常利益の向上
　「経常利益」について、5 年間の計画の場合、計画期間である 5 年後ま
での目標伸び率が 5 ％以上のものである必要があります（計画期間が 3 年

76

間の場合は３％上、４年間の場合は４％以上）。

○提出先　地方自治体（行政の外部団体の場合もあります）

　これが、認定されると

・県の各機関に計画書が送付されます。

・通常、新聞発表がなされます（項目ごとに公表、非公表は選べます）。

　ということで、その企業が３〜５年の間にどのような計画を持っている
　かがオフィシアルになり広報効果があるわけです。

○取得効果

〈融資〉中小企業成長促進融資（各地方自治体の制度融資）

　　　　　政府系金融機関による低利融資制度

〈信用保証〉中小企業信用保険法の特例

〈税制〉設備投資減税

　　　　　留保金課税の停止措置

〈投資〉中小企業投資育成株式会社法の特例

　　　　　ベンチャーファンドからの投資

〈その他〉特許関係料金減免制度などです。

　融資制度を活用しようとする時点で当初の計画と実績が大きく乖離して
いた場合、経営革新計画の変更届が必要となる場合があります。

確かなプランとして各地方自治体に登録され、広報され認知されるのが大
きなメリットです。

そして、何より良いことはこれを策定し申請、実行することにより戦略発
想に頭が回転し始めるということです。

(2)申請する際のポイント

①　まず、経営革新法を取得するには新規性のある大きな戦略の柱を立て
ねばなりません。それを現実化していく戦術も数本必要です。

補助金申請には、それほど新規性は要りませんがこの経営革新法申請では
新規性が最大のポイントになります。

77

第3部　経済産業省補助金編

② 行動計画、資金計画（設備投資と運転資金）、売上計画など決めていかねばならないということは補助金申請と同じです。

(3)論点になるところ

　その他の補助金や認定制度は申請して、採択・不採択の結果通知を受け取るだけですが、この経営革新法申請は申請するまでに担当官と「こうすればもっと良くなる」というようなやり取りがあります。ここではその視点を説明します。

・新規性の捉え方

これが、最も重要なところです。

ここはオーソドックスに経営革新法の条文に立ち戻りましょう。

新たな取組とは、個々の中小企業者、グループにとって「新たなもの」であれば、既に他社において採用されている技術・方式を活用する場合についても原則として対象となります。但し、同業他社、同一地域内において既に相当程度普及している技術・方式等の導入については承認の対象外とします。

　前半の解釈はその中小企業者にとってとありますので、——という業種が、——に挑戦するという「合わせ技」で良い訳です。

ただし、後半にある通り、業界内で、あるいはその県で既に似たようなことをやっていないということを証明する必要があります。過去多くの経営革新法申請に立ちあいましたが、この「他でやっていないことの証明」は意外と難しいのです。粘り強く説得してください。

□経営革新計画申請のポイント纏め□

・何が新規性かの論証

・経営革新計画と行動計画・計数計画・投資計画の一致

第6章 国のグランドスキームと経営戦略コンテンツ

(4)申請書解説

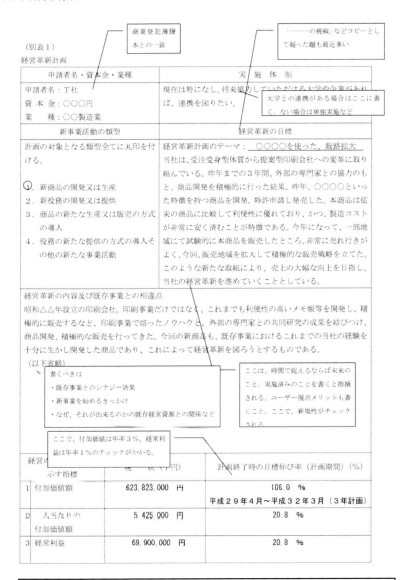

行動計画、数値計画、投資計画の別表は省略します

第3部　経済産業省補助金編

２．経営力向上計画

　経営革新制度には、推し進めたいという国の思いとは、逆に設計に問題がありました。

それは、認定基準を地域（県）、あるいは業種での新規性を基準としたために事業所にとっては敷居が上がってしまったということです。

そこで、２０１６年にその新規性レベルでは一段下の経営力向上計画制度が出来ました。

この制度は、前向きな計画があれば認定していくというものです。

（書式があっていれば今のところほとんど認定を受けており実質的に内容審査はなされていません）

支援措置は以下の通りです。

・　生産性を高めるための設備を取得した場合、固定資産税の軽減措置（３年間１／２に軽減）や中小企業経営強化税制（即時償却等）により税制面から支援

・　計画に基づく事業に必要な資金繰りを支援（融資・信用保証等）

・　認定事業者に対する補助金における優先採択

なぜ、この制度が作られたかについて以下は私の推測ですが、誤っていないと思います。

この経営力向上計画で将来の運転資金・設備資金を把握することにより景況予測につなげて行くのではないかと思われます。

そう考えると

・特定個人情報付与とともに始まった事業所ナンバー付与による情報の一元化が予想されます。

なお、前巻でローカルベンチマーキングと結び付くのではという予測は当たり、そのような書式に、既になっています。

政府の施策の全てがつながってきます。

80

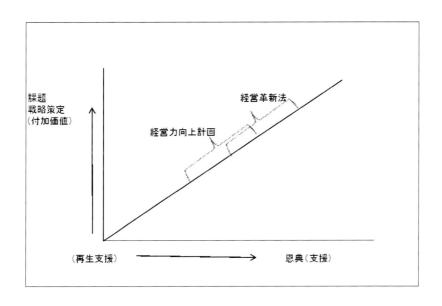

(1) 制度主旨
①労働生産性のクリアが必須
　今回施行の経営力向上計画に、新たな指標である労働生産性と言う指標が入りました。
労働生産性＝付加価値額（営業利益＋人件費＋減価償却費）÷労働投入量
これは、付加価値額を労働投入量で割ったものです。
この場合の分母の労働投入量とは
労働者数、または、労働量（労働者数×労働時間）
どちらでも良いとなっています。
労働生産性指標増加率の条件は、3年1％、4年1.5％、5年2％以上となっています（業種別のガイドラインで決まりますが全業種でこの数値になっています）。
なぜ、付加価値額では無く労働生産性を取ったかと言うと、
・経営革新法の付加価値額指標がうまく機能していない。なぜなら、投資ありの前向き計画の中では自動的に達成する。

第3部　経済産業省補助金編

・一人当たりの人件費を圧迫する方向では、プランが作れないようにしたい。

ということで、今回、労働投入量で割ることになりましたので、人件費単価を薄めて、業績を伸ばす方式では、労働生産性増加率が伸ばしにくいとことは理解できるでしょう。

この指標基準に対する当社見解を言います。

これも、しっかりとした利益計画を作成すれば、自動的に達成しまうのであまりナイーブになる必要はありません。ただし、財務の計画表を作る必要はあります。このシートは後掲しています。

②業種ごと指針の課題に対応させることが必要

　また、指針（ガイドライン）における業種課題をどう考えるのかの問題があります。これも同様の結論で、「捉えよ」そして、「あまり捉われるな」とアドバイスします。

ここは、表向きには政府施策について、学習して欲しい、そして、それに沿わせて欲しいということです。

しかし、この建前のとおり、実行していれば、それで良いのかというと、それは、ナンセンスです。ここから自社なりの戦略を考えるべきです。

例）製造業の場合の業種指針

経営力向上の内容

　イ　従業員等に関する事項

　　（1）　多能工化及び機械の多台持ちの推進

　　（2）　継続的な改善提案の奨励

　ロ　製品及び製造工程に関する事項

　　（1）　実際原価の把握とこれを踏まえた値付けの実行

　　（2）　製品の設計、開発、製造及び販売の各工程を通じた費用の管理

　ハ　標準化、知的財産権等に関する事項

第 6 章　国のグランドスキームと経営戦略コンテンツ

（１）　異なる製品間の部品や原材料等の共通化

（２）　暗黙知の形式知化

（３）　知的財産権等の保護の強化

ニ　営業活動に関する事項

（１）　営業活動から得られた顧客の要望等の製品企画、設計、開発等への反映

（２）　海外の顧客に対応出来る営業及び販売体制の構築

（３）　他の事業者と連携した製造体制の構築による受注機会の増大

ホ　設備投資並びにロボット及びＩＴの導入等に関する事項

（１）　設備投資

（２）　ロボットの導入又は増設

以下省略

(2)申請書作成時のポイント

　まず、ここをしっかり理解してください。

　この経営力向上計画申請書に書き込むことは経営戦略の中での、「氷山の一角」であり、８７Ｐの下表の様に既存事業と新事業を整理し、売上利益計画を先に作りトータルで辻褄の合う戦略を考えてからでないと書き込めないということです。

　申請書外に以下が隠されているのです。

・新規事業と既存事業の相乗効果を突き詰める経営革新法の考え

・労働生産性を算出して行く計算プロセス

□経営力向上計画のポイント纏め□

・業種ごとのガイドラインの把握と自社施策との照らし合わせ

・別表で生産性指標算出の売上・利益・付加価値額・労働生産性算出の表を策定すること（８７Ｐ参照）

第３部　経済産業省補助金編

(3)申請書式解説

事例　申請書
経営力向上計画

1　名称等

事業者の氏名又は名称	株式会社　エリオット
代表者名（事業者が法人の場合）	西河　豊
資本金又は出資の額	1,000万円
常時雇用する従業員の数	7人
法人番号	71300010237**

2　事業分野と事業分野別指針名

事業分野［501　各種商品卸売業］　　事業分野別指針名［卸売・小売業に係る経営力向上に関する指針］

3　実施時期

平成２８年８月～平成３０年７月

4　現状認識

①	自社の事業概要	当社は、２００４年開業以来、ファンシーグッズやデザイン性豊かな文房具の総合卸商として、イオンを始めとする大手スーパーや専門店に卸売業を展開してきた。 創業当時に３億まで売上を伸ばしたが、近年では、一般的な商材は極端に単価がデフレ傾向にあり、資金繰りに影響するほどに利益率が落ち込んできた。 危機感を感じて、２０１０年に企画商品であるデザイン性豊かなランドセルカバーを台湾の協力工場での試作で開発し、イオンにて、中価格帯での販売したところ好評を博して現在では月間３百万円ほど売り上げを上げている。当商品においては粗利率が既存卸売商品（１５％）の２倍（３０％）ある商品である。今後の展開として当計画において、デザイン開発から、関与して商品開発に力点を置いていく所存である。
②	自社の商品・サービスが対象とする顧客・市場の動向、競合の動向	・顧客は低価格ものを求める者と、良新質中価格帯のものを求める者に２極化している。 　購買力は落ちているが、ランドセルは、一定の就学数があり、一定の販売数と販売単価を維持している。 ・業界構造としては、雑貨卸売業は利益率が低下して、廃業率が高く減少しており事業所数も減少している。 ・ランドセルカバーの製造販売の競合業者は全国で４事業者ほどあるが、デザイン数においても、素材面においても当社が優れている。アンケートにおいても同様の結果を得ている。

③ 自社の経営状況

ローカルベンチマーク指標(現状値)

指標	算出結果	評点
①売上高増加率	12.4%	4
②営業利益率	5.5%	4
③労働生産性	3,342(千円)	3
④EBITDA有利子負債倍率	2.5(倍)	3
⑤営業運転資本回転期間	0.4(ヶ月)	4
⑥自己資本比率	25.1%	3

ローカルベンチマーク指標(計画終了時目標値)

指標	算出結果	評点
①売上増加率	10.0%	4
②営業利益率	11.4%	5
③労働生産性	4,287(千円)	4
④EBITDA有利子負債倍率	1.2(倍)	3
⑤営業運転資本回転期間	0.5(ヶ月)	4
⑥自己資本比率	30.5%	3

現在、新規事業としてカバー開発を集中して行っており、差別化のためキャラクターの使用権も5種類取っている。5年で28．3％の労働生産性向上を目指す。

5 経営力向上の目標及び経営力向上による経営の向上の程度を示す指標

指標の種類	A現状（数値）	B 計画終了時の目標（数値）	伸び率（(B－A)／A）(%)
労働生産性（人数）	3，342（千円）	4，287（千円）	28．3％

6 経営力向上の内容

事業分野別指針の該当箇所	実施事項（具体的な取組を記載）	新事業活動への該非（該当する場合は○）
ア　I　卸売業　第3　経営力向上の内容　八　営業活動強化（3）取扱商品の差別化に実施事項	デザイン・素材面での強化とものづくりの一部取り入れ1年目施策として、現在台湾の協力工場へリアルタイムで指示を送り生産しているが、当社でもデザインソフト・パッキング設備を投資して、生産工程を一部揃えるようにし生産管理を強化する。	○　新製作方法

引用した指針を明記すること

第3部　経済産業省補助金編

	関する事項	楽しさ）を一部取り入れ社員のモラールアップを図る。	
イ	Ⅰ　卸売業 第3　経営力 向上の内容 ハ　営業活動 強化 （3）取扱商 品の差別化に 関する事項	アンケート強化による商品力アップ 1年目施策として、現在、ユーザーより当社に直接アンケートが変える仕組みを取っているが、プレゼント品を提供して、より一層の商品リクエスト体制の強化を図る。 また、現在は不十分である顧客特性のデータ分析を測りマーケテイング体制を強化する。	○
ウ	Ⅰ　卸売業 第3　経営力 向上の内容 ハ　営業活動 強化 （3）取扱商 品の差別化に 関する事項	袋物・シートでの水平展開の商品開発 2年目施策として、当社は、カバー・シート・袋物の企画開発業への転身を図る。 具体的には自転車サドルカバー・スーツケースカバーなどで物を大切にしたい人をマーケテイングするために低価格路線は取らない。 上記商品開発をするためデザイン・素材研究を行い、顧客アンケートを最大限活用する。	○
エ	Ⅰ　卸売業 第3　経営力 向上の内容 ハ　営業活動 強化 （2）新規取 引先の開拓及 び商圏の拡大 に関する事項	アンテナショップを試行 3年目で施策として、順調にランニング出来たならば、アンテナショップの意味合いとして売り上げ確保と、ダイレクトな商品モニタリング体制を試行する。 （業界慣行として、この品種では卸と並行し小売をすることは可能である） また、同時に台湾の協力工場へ投資して子会社化することも模索する。	○

新事業活動に○（複数施策が欲しい）

7　経営力向上を実施するために必要な資金の額及びその調達方法

実施 事項	使途・用途	資金調達 方法	金額 （千円）
エ	アンテナショップ開設費用	金融調達 A信用金庫または日本政策金融公庫	10,000

8 経営力向上設備等の種類

	実施事項	取得年月	利用を想定している支援措置	設備等の名称／型式	所在地
1	エ		国・国A・国B		
2	エ		国・国A・国B		
3	エ		国・国A・国B		

	設備等の種類	単価（千円）	数量	金額（千円）	証明書等の文書番号等
1					
2					
3					

	設備等の種類	数量	金額（千円）
設備等の種類別 小計	機械装置		
	器具備品		
	工具		
	建物附属設備		
	ソフトウエア		
合計			

> ここは本来、固定資産軽減措置の恩典を活用する設備のみ

参考）上記申請書作成前に以下のような補足資料作成があります。

	単位など	直近決算	1年目	2年目	3年目
売上	千円	222,400	240,000	250,000	260,000
内新事業	千円	32,500	40,000	80,000	160,000
内既存事業	千円	189,900	200,000	170,000	100,000
原価	千円	178,500	192,000	195,400	194,000
総利益額	千円	43,900	48,000	54,600	66,000
総利益率	％	0	0	0	0
販売管理費	千円	42,000	44,000	47,000	58,000
内減価償却費 A	千円	100	300	300	300
内人件費 B	千円	21,400	23,300	23,500	26,000
営業利益 C	千円	1,900	4,000	7,600	8,000
従業員数	人	7	8	8	8
1人当たり労働時間	週当たり時間数	40	40	40	40
付加価値額	A＋B＋C 千円	23,100	27,600	31,400	34,300
労働生産性①	千円/人	3,343	3,450	3,925	4,288
増加率	決算実績比%	100.0%	103.2%	117.4%	128.3%
労働生産性②	千円/延べ労働時間	83.6	86.3	98.1	107.2
増加率	決算実績比%	100.0%	103.2%	117.4%	128.3%

労働生産性の増加率該当箇所を申請書 5の指標欄へ

第3部　経済産業省補助金編

３．戦略と投資のたすき掛けコース理論

　当社の発案の考え方に、「たすき掛けコース理論」というのがあります。
・ハード施策・・・例えば、ものづくり補助金
・ソフト施策・・・例えば、経営革新法認定、知的資産報告書作成
というように交互に取得していくというものです。

　補助金のタイムスケジュールは春に年度事業として一斉にということになりますので、ソフト施策を申請するのは秋が一般的になります。その時に、半歩先を考えた設備投資（ハード施策案）も入れておくというものです。

　この当社のコース理論は、経営戦略の内容は既に連動しているから、先にその戦略を策定すると言う意味合いからでした。
ところが、最近では、ものづくり補助金を中心とする申請書の調査事項があり経営革新計画や経営力向上計画は、加点項目としてよく知られるようになりました。

　ただし逆に加点項目として意識が行き過ぎるために補助金の加点のためにそれらの認定を取るという思考の方が増えてきて、内容面での理解は逆に落ちてきているような気がいたします。

　調査項目の加点項目については、政府の誘導措置の意味合いが大きく打ち出されていますが、具体的な加点評価の明示もなく、極言すれば本当に加点されているのかが疑わしい面さえあります。
何より、
補助金の加点調査項目数は単純に多すぎるのではないでしょうか？

第7章　連携への発展

1．国のスキームと連携

　国のグランドスキーム図の中のレベルアップした形の中で、複数企業の連携という考え方があります。
　これが、補助金額が最も大きく、想定される高付加価値化の最終形と言っても良いでしょう。
　連携への認証制度として、
・特定ものづくり研究開発認定制度
・新連携
というものがあります。これに加え今回は下請け連携計画、スタートアップファクトリー構築事業までを解説します。

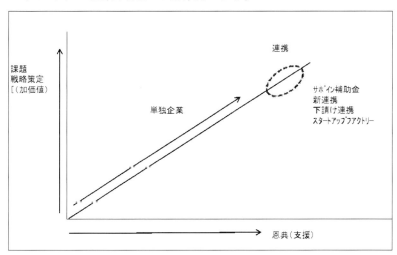

第3部　経済産業省補助金編

この特定ものづくり研究開発認定はサポイン補助金の前提ともなるものです。

特定ものづくり研究開発認定は、連携が必須とはなっておりませんが、現実的にはほとんどが、大学等との研究機関との連携で申請されています。

ここでは、大学という研究機関の有効活用と国が推し進めていくべき研究の民間委託という発想があります。

これが申請書に大きく関連し、まず、ものづくり技術の高度化目標で決められた課題の中から選択し、それを解決するという体裁を取ります。

2．製造業の視点

　製造業としての支援策を単独企業、企業連携と分けると以下のような表になります。（ものづくり補助金にも連携申請があります）

		単独企業	連携企業
補助額↓	小	持続化補助金	下請企業振興計画
	大	ものづくり補助金	戦略的基盤技術高度化支援事業

経営資源の限られている製造業は今後連携を視野に入れていくべきです。

サポイン補助金は主に研究機関との連携になります。

　左右の列は単独か連携かという選択になります持続化補助金は５０万という限度額ですので製造業での投資では少し無理があることは分かっています。

ここでは経営資源の限られている中小製造業は連携と言う。製造業の多くは縦の系列の中でかろうじて回っている状況です。

下請中小企業の連携は毎年応募が少なく追加募集措置がなされています。

連携体がなかなか作れないのは組むことにより損得感情が先に立つからです。

今後は大同の前では小異は捨てるという視野の広さが必要になってきます。

第7章　連携への発展

3. 特定ものづくり研究開発認定制度

(1)制度主旨

　特定研究開発とは、その研究開発行為について、国が審査の上、お墨付きを与えようというものです。受付けは、各地方ブロックの経済産業局です。この制度には一部、国が研究を委託するという考えが入っています。認定企業は、ものづくり補助金審査でも有利になります。

特定ものづくり技術には、以下の通り１２の技術が定義されています。

　　01 デザイン開発に係る技術　　　02 情報処理に係る技術
　　03 精密加工に係る技術　　　　　04 製造環境に係る技術
　　05 接合・実装に係る技術　　　　06 立体造形に係る技術
　　07 表面処理に係る技術　　　　　08 機械制御に係る技術
　　09 複合・新機能材料に係る技術　10 材料製造プロセスに係る技術
　　11 バイオに係る技術　　　　　　12 測定計測に係る技術

　それぞれの技術につき、技術課題と川下産業におけるニーズが纏められており、その課題を解決する研究開発であることを申請書内で立証する必要があります（次頁参照）。

申請においては３年の計画を作成する必要がありますが、資金調達面では、通常、サポイン補助金を活用すると言う形で申請します。

(2)申請のポイント

　次頁の事例を見てください。申請の際の必須となる考え方です。

上が中小企業庁のものづくり高度化の定義で、下の表が申請書の一部です。

事例ではバイオ技術に関するもので、川下産業は医療・健康分野における課題を示しています。

申請企業は、主たる技術で選んだ自社の基盤技術で定義された課題を研究開発成果で解決すると言うスタイルを取ります。

91

第3部　経済産業省補助金編

バイオ技術の場合のケーススタデイ（以下抜粋）

高度化目標

(3)川下分野横断的な共通の事項

　ア．高度化・高品質化

　イ．環境対応

　ウ．低コスト化

(4)川下分野特有の事項

１）医療・健康分野に関する事項

①川下製造業者等の特有の課題及びニーズ

　ア．オミックス情報等の収集、解析

　イ．情報利用を促すシステム構築

　ウ．情報解析技術の高度化

②高度化目標

　ア．生物としてのヒトや疾病の分子レベルでの理解に資する解析技術の高度化

　イ．多量の分析データを解析し、有用な情報を見出す技術の高度化

　　（以下省略）

申請書内で上記のものづくり技術のバイオの定義から項目を選択して、自社開発にいかに関係するかを解説する必要があります。

> このような施策を当てはめる

特定ものづくり基盤技術の高度化を図るための特定研究開発等の目標

○当該特定ものづくり基盤技術において達成しようとする高度化の目標

　特定ものづくりの高度化目標といかに対応させるか？

　同じくその技術で川下の課題にいかに対応するか？

> ここは、特定ものづくり技術の決められた項目を必ず選択して書く。

第7章　連携への発展

４．サポイン補助金

　戦略的基盤技術高度化支援事業が正式名称です。
申請の要素として入ってくるのが連携という発想です（サポイン補助金は
連携が必須、特定ものづくり研究開発申請は必須とはなっていません）。
これは複数の企業のコアな技術を組み合わせて新たな付加価値を生み出す
という観点と、大学や公設試験研究機関の研究機能を有効活用するという
観点があります。
また、国から研究を委託するという観点から研究成果における社会波及効
果が求められます。
サポインの正式名称、サポートインダストリーは産業を支援するという意
味合いです。
製造業経営者はこの分野も一度は研究することをお勧めします。
そこで、他の申請企業グループと触れ合うことにより、本来の研究開発製
造業の存在意義を思い出し、大いに刺激を受けるからです。
また、ものづくり補助金においても、補助金の本旨は設備投資ではなく技
術の高度化であることが理解できます。

(1)制度主旨
　本補助金は、初年度４，５００万円、２年目３，０００万円、３年目、
２，２５０万円が確定するもので、経済産業省系でメジャーな補助金の中
では、最も額の大きな補助金です。総補助金額は3年で９，７５０万円と
１億近くにもなります。
２０１８年で１２６件／３３４件で、毎年、１００社程度の採択で競争率
は３社に１社ですが、企業の置かれているＴＰＯがこの連携と言うステ
ジに当てはまるかが最大の課題です。ものづくり補助金が経済産業省の補
助金の最大の競争率のボリュームゾーンであり、この補助金はしっかりし
た準備（後掲）さえできれば、ものづくり補助金より採択の確度は高いの

93

第3部　経済産業省補助金編

ではないかと思われます。

申請できる前提条件（・の後は公募要綱　→以降が筆者が考えるポイントです。）

・法の認定を受けたものづくり中小企業・小規模事業者を含む、事業管理機関、研究等実施機関、総括研究代表者（PL）、副総括研究代表者（SL）、アドバイザーによって構成される共同体を基本とします。

→研究実施機関が研究の実動部隊ですが、これに大学が入っていた方が採択には有利です。

・共同体の構成員には、法認定申請を行い、認定を受けた「申請者」と「共同申請者」（以下「法認定事業者」）及び協力者を全て含む必要があります。

→この要綱の中で、「法認定」とはものづくりの高度化法に基づく、特定ものづくり研究開発計画です。サポイン補助金申請と同時申請も可能ですが出来るだけ早めに出すことが必須です。

・この事業への申請者代表は、事業管理機関です。事業管理機関は、研究開発計画の運用管理、共同体構成員相互の調整を行うとともに、事業管理及び研究開発成果の普及等を主体的に行う者です。

(2)　申請の基本戦略
・特定ものづくり技術の高度化方針を理解してから書き出すこと
この補助金は政府がしなくてはならない産業支援を民間に委託する。だから補助金を支給するという背景がありますので、開発するテーマがその技術の高度化方針とより密接にリンクしていることが不可欠の条件です。
・事務局体制＝幹事会社をしっかりしてから臨むこと
まず、申請書を書きだす前に、参画会社の役割分担を明確にしましょう。その上で、しっかりとした事務処理体制が組める会社が幹事会社となるべきであり、このスキームがかなりのウエイトで審査されます。

94

第7章 連携への発展

・整合性のチェックを忘れずに

　提出書類が多いので細部にわたり整合性があることが必要です。また、申請も書類、電子媒体など、かなり煩雑ゆえ複数人で余裕をもって準備すべきです。申請書をまたがる数値の整合性のところも念入りにチェックしてください。

・経済産業省枠内に収める

これも良く審査で引っ掛かるとことです。補助金総額約一億ということで、プランが他省庁の管轄にまで踏み込んでしまうケースです。このケースはその省庁の補助金を使ってくれとなります。特に医療分野などで厚生労働省マターと見られるケースが散見されます。

(3) 申請のポイント

　まず、特定ものづくりの研究開発認定と申請書式内容がかなり重なっておりますのでアドバイスは両制度併せて読んでください。

・e-Rad 登録は直前にばたばたしないように、余裕を持って

　事前に総括研究代表者（PL）は「ｅ－Ｒａｄ（府省共通研究開発管理システム）」へ「研究機関の登録」及び「研究者の登録」が必要となります。特定開発等研究開発認定申請書には記入場所はなく、基盤技術高度化支援事業（サポイン補助金）申請書からの必須事項となりますが早目の申請登録が無難です。

・資金計画は精緻に

　ここでは複数年の補助金申請の数値を精緻にシミュレーションするということをアドバイスします。これも特定ものづくり研究開発認定申請にも重なるアドバイスです。

　例えば、人件費項目でサポイン補助金では、補助金事務をする人の管理費も計上可能ですが、これは実際に働いた時間分しか補助金支出時には、払われません。

　研究員の研究直接人件費も同じです。

95

第3部　経済産業省補助金編

　これについては、各地方の経済産業局のサイトに人件費算出の考え方の資料がダウンロードできるようにしてありますので是非、一読してください。

サポイン補助金は複数年の補助金確定ですが、前年度実績から定められた比率で支給枠を縮小させられるという方式を取りますので、実態に近い精緻な必要資金予測が要求されます。

5．新連携

　新連携は中小企業新事業活動促進法の中のひとつの柱です。
特定ものづくり研究開発認定制度が製造業の連携用に作られたものである
ならば、この新連携は多少流通業寄りに制定されたものであると言えます。
というのは、製造業は、特定ものづくり研究開発認定に当てはまるならば、
その後の補助金面で新連携よりそちらを選択した方が有利となるからです。
新連携の要綱は
・中小企業で２社以上の連携（その他に大企業、ＮＰＯなどが入っても良
い）
・新規性の定義は経営革新法と同じであるがそのハードルは高い。
・連携に関係する全ての企業の決算書資料が必要となる。
　審査では1年以内に売り上げが発生するかが焦点となるとこが特定もの
づくり研究開発申請認定と違うところです。ここが多少流通寄りと言った
根拠のところです。
認定後の支援措置は以下の通りです。
・高度化融資
・信用保証の優遇措置
・補助金（事業化・市場化支援）３，０００万円まで、３分の１自己資金
これは、商業・サービス競争力強化連携支援事業補助金（新連携支援事業）
と名がつけられており、ここでも商業・サービス業用であることが分かり
ます。事業期間は２年間です。
・中小企業投資育成株式会社の特例
受付は各地方の中小企業基盤整備機構です。

＊）新連携の申請書フォーマットは基本的には経営革新法と同じです。企
　　業連携体で経営革新法のフォーマットをうめるということになります。

第3部　経済産業省補助金編

６．下請け連携

　近年の施策として、下請け中小企業の自立を促しています。

　従来から、日本のものづくりは、大会社（メーカー）を中心に、ピラミッド構造をなしており、親会社への下請け依存があります。高度経済成長下では、それが安定収益となっていましたが、現在のグローバル化の中では、大会社の傘下であること自体がリスクにもなってきています。

　とはいえ、親会社からの売上げに依存している体質から脱皮していく体力が中小企業には乏しく、特に開発投資に対する予算が全く取れないということが実情です。

　それどころか、発注ロットが少なくなり、さらには競業とのコスト競争によって、収益は悪化の一途をたどっており、老朽化設備の更新すら難しい状況下に追いやられています。そこに、拍車をかけるのが、人材の問題で、年々高齢化していくスタッフに対して、新しい若い人材を登用することもできず、中小製造業の３分の１以上が後継者のいない平均年齢60歳以上の経営者という状況になってきています。

　そんな状況では、間違いなく中国や新興国との製造競争に勝ち残れるわけもなく、これからは全く仕事の取引のなかった中小企業が連携して、お互いの技術スキルを持ち寄って連携体として新規分野への開拓を行っていけるかが重要となってきています。

・下請け中小企業自立化基盤構築事業費補助金
(1)連携認定
　この補助金にエントリーするには、同時に特定下請連携事業計画の認定を取らなければなりません。

　補助金としては、１社で申請可能ですが、必ず特定下請事業者が２社以上で連携体を構成して連携事業計画を提出することが必須です。この、特定下請事業者とは、特定親会社に対する売上げが２０％を超えている下請

け業者のことです。２０％を超えている、依存度の高い製造業が連携して自立化を図り、親会社に頼らない体質を目指していくという事業になります。

(2)補助金概要

　この補助金は、補助率が３分の２で、最大2000万円まで補助されるため、大型設備投資で利用可能です。この補助金の窓口は、最近では珍しく経済産業局ですが、公募が始まると問い合わせが結構あるそうですが、内容を説明されると連携が難しいのか、その後連絡もなく補助金申請にも至らない会社ばかりだそうです。したがって、近年で補助金が満額支給されていることはないように見受けられます。(予算消化率は公表されませんのでわかりません) その理由は、毎年二次公募、三次公募と追加公募がされています。もともとの予算は、非常に少ないのですが、それでも予算消化しないということですので、ニッチな補助金の代表格です。

　この補助金の対象経費は、設備費だけでなく、原材料費や人件費も出ます。もの補助を出したことがある方であれば、予算的には同じような形ですが、問題は連形体が構成できるかどうかと、申請書類がいっぱいあって、大変なのでどこまでできるかというところでしょうか。

　申請書類の種類はいっぱいありますが、ものづくり補助みたいに６部もファイルを作らなくてもいいので、その点は作業が楽です。しかし、他の補助金と違って、登記簿謄本ではなくて定款が必要だったり、連携体の規約が必要だったり、提出直前に必要書類のチェックをしてバタバタすることがあります。

　計画上重要なのは、連携体を作って、技術交流だけでなくマーケティング的にも協調していくことで、下請け依存比率を年々下げる必要があるところです。補助金事業が完了して実績報告を上げた後、５年間は事業報告

第3部　経済産業省補助金編

の義務があり、その際には必ず特定下請比率の報告が必要です。もちろん、下請け比率だけでなく、1年間の収益についても報告しなければいけませんので、もしもその事業分野で利益が上がっていたりすると、国に対して収益納付の義務が発生します。これは、もの補助などと全く一緒です。

(3)ノウハウ

　よく勘違いされる点が、特定親会社が同じ会社ではいけないと誤解されていることが良くあります。確かに、日本の下請け構造からして、同じ親会社で顔見知りの会社で連携して、親会社への依存度を下げていきましょうというのは、一番手っ取り早い気がしますが、今までサポートしてきた中には1社もありませんでした。よく知りすぎているだけに、逆に連携したくないという意識もあるのか、あるいは連携体を組む際にはお互いの売上げとか財務内容とか知られたくない情報開示をしないといけないからなのか、そういう話にはならなかったです。

　また、連携を組む際には、同業よりも、加工分野が違う会社が提携した方が技術交流もできますし、違った視点での連携が可能なので、私は異分野との連携をお勧めしています。たとえば、精密板金加工業と溶接加工業者の連携、プレス加工業と溶接業者の連携、精密板金加工業と設備施工業者との連携等々、異分野連携をしてきました。全く、知らなかった会社同士の連携もあります。紹介によって、今回の連携を実現したという例もあります。

　連携は、2社以上であれば何社で連携しても構いません。しかし、連携会社数が多くなればなるほど、必要書類が多くなり、また下請け比率の計算をして、5年間の経営計画等も載せないといけなかったり大変になったりしますので、基本は2社での連携をお勧めしています。

また、補助対象経費も設備費だけでなく、人件費も出るのですが、人件費の計算や実績報告時に出勤簿や日報など管理が大変になるので、こちらも基本は設備費のみで計上することをお勧めしています。設備費も、できるだけ満額に近い方がメリットがあるので、複数設備になっても今後の事業計画で必要になりそうなものは、この際ですから一緒に申請しましょうということで提出します。

(4)競争率が高くない理由

　なお、この補助金が成就しない最大の理由がもう一つあります。連携体を構成するには2社以上必要ですが、補助金申請時には通常1社で導入する設備に対するものになりますので、連携体を構成したもう1社は何もメリットがないことです。決算書も提出して財務内容を開示し、特定親会社への依存度の計算をしてその情報を開示しても何もメリットがないとすると、果たして協力を得られるでしょうか。よほど、信頼関係があるか、あるいは補助金獲得後にメリットを見せてあげないと難しかったりします。よくお勧めするのは、せっかく連携するので、これを機会に仕事を出してあげたらとか、いらない設備を上げたらということで少なからずメリットが享受できるようにアドバイスしています。

　それと、もうひとつ良く聞かれるのが、翌年は補助金をもらえなかった会社が補助金申請できるのかという点です。これは実はできないのです。連携体で1つの補助金しか出せない仕組みになっています。この点は、連携締結の最初に必ず念押しして、来年以降もらいたくてももらえないけれどもよろしいですかと聞いてから連携に参加してもらいます。そうしないと、後からそれだったらやめておくと言われて、申請ができなくなります。そういう意味で、連携と下請け比率など、制約が非常に多いので、ニッチにならざるを得ない状況です。
いろんな方に補助金としては使い勝手がいいよとお勧めしていますが、い

第3部　経済産業省補助金編

まだかつてそれを紹介した設備販売業者でこの補助金を利用できた人は皆無です。この本を読んでいただいた方の中で、ぜひともチャレンジして欲しい補助金です。

　下請けの改善については、経済産業省の重要な事業の一つで、対応の課まであるくらいです。補助金としての予算は多くないですが、これからも細々とニッチに続いていくのではないかと内心楽しみにしている補助金の一つです。

第 7 章　連携への発展

7．スタートアップファクトリー構築事業

（グローバル・ベンチャー・エコシステム連携加速化事業費補助金）

　この補助金は、H30 年度で新規に公募されたもので、１社当たりの補助金額が最大５億円と非常に大きいものです。窓口は、省エネ系補助金の窓口として一手に受けている一般社団法人　環境共創イニシアチブです。環境共創イニシアチブは、補助金の窓口のために作られた法人で、ＮＥＤＯの流れを汲んでいますので、申請は結構大変です。

　とにかく名前が長くて、何をやる補助金なのかわかりにくいのですが、一言でいうと、試作以降の量産立ち上げをサポートしていく目的で新規公募されています。

　かつては、ものづくりと言えば日本の代名詞で、アメリカで開発された技術を日本で量産化したものでした。しかし近年は、日本を飛び越えて、中国や東南アジアの製造拠点に持ち込まれ、量産化されています。その理由は、

・日本の製造自体が海外シフトしてしまっている
・中国を初め東南アジア各国の技術レベルが日本を超えている
・日本にはスピード感がなく、アジア各国の方がはるかに速い
・製造コストが日本は高い
・日本には言葉の壁がある

などで、とりわけ中国深圳市の発展はめまぐるしく、世界的に量産については深圳に集まる傾向があります。

　試作から量産に移行するためには、製造に対するノウハウが必要で、そこには 20 以上の技術がかかわっていく量産化の壁があると言われています。また、最近は、小ロット多品種対応の量産設備が必要で、それについても日本は遅れているのが現状です。

103

第3部　経済産業省補助金編

　今回の補助金では、それらの問題を克服して、開発から量産に結びつけるパートナーとの連携を図るために、費用の一部を補助し、スタートアップを加速することが目的です。

　間違いやすいポイントとして、この補助金は、マニュアルを見ても書いていないポイントがあります。補助金の対象事業者は、ベンチャー企業を量産化で応援していく企業です。単に量産化の壁があれば申請できるわけではなく、ベンチャーであるがゆえに生産設備もない、信用もないので量産工場に頼めない、という企業をサポートする量産化企業を補助金でサポートとしていくものです。

　ということで、申請要件も満たすのが非常に難しいため、申請件数は定員割れを起こしています。

　ハードウエアだけでなく、ソフトウェアと関連した「Connected Industories」の政策推進を国は目指しています。

104

第7章　連携への発展

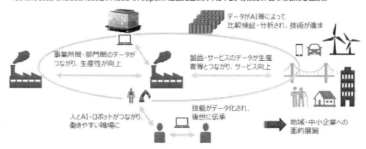

SII(一般社団法人 環境共創イニシアチブ) 補助金マニュアルより

(1)補助対象事業

　ハード面の整備（スタートアップ等が集まる場の新設、設計・試作・試験設備導入、小ロット生産に対応した体制の整備等）及びソフト面の整備（教育プログラム開発、支援プログラム開発、工場・人材ネットワーク活用等に必要なシステム開発等）を支援していきます。

第3部　経済産業省補助金編

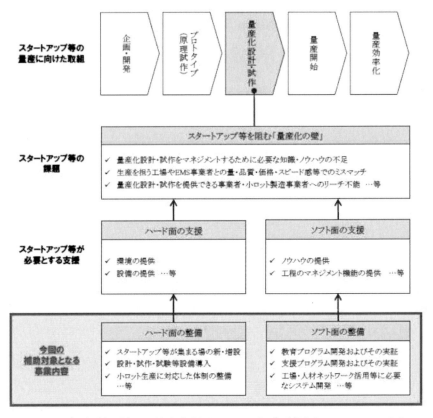

SII(一般社団法人 環境共創イニシアチブ) 補助金マニュアルより

(2) 補助率・補助上限額

　補助率：補助対象経費（税抜）の2分の1以内

　補助金額の上限：5億円/件

(3) 補助対象経費

・設備費・工事費等
・設計費
・支援サービス・教育プログラム開発費

・システム構築費
・その他事業立ち上げ関連費

(4)補助金申請のポイント
・設備費だけでなく、工事費、設計費、建築費、人件費、教育費用等、他の補助金では経費とならない様々な立ち上げ経費が認められている
・見積りについては三社見積りが必要
・関連会社とのコンソーシアム構築
・3年間の事業化計画

　この補助金は、始まったばかりで、一次公募は申請数が少なく、一次公募に申請できた企業は有利でありました。二次公募も当初から予定されていますが、来年度以降どうなるかは未定です。

　補助金は、初めて公募されるときがチャンスです。周知が徹底していないのと、要件が良くわからないため、申請件数が少ないのが一般的です。いかに、いち早く情報をつかむかが重要だということです。

第8章　地域への発展性

　この項目は各地域が対象の認定制度ですが、そこで、事業をしている事業者にも関係してきますので関心を持つべきです。事業エリアの自治体や商工会議所・商工会がどのようなスタンスを持っているかと言うことです。

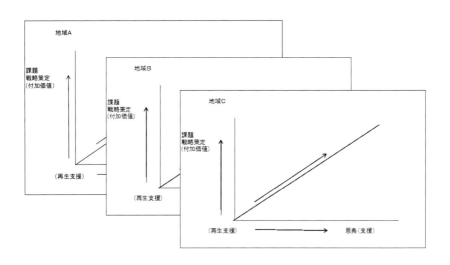

　このスキーム図で見る通り、今後は地域毎に地域事情に合った補助金体系が形成されるという可能性があるということです。
これは、換言すれば、政府が、全国に一律の支援策を打つことは無理な時代に突入しており、この考えを発展させると地方創生、そして、経済特区ということになります。

第8章　地域への発展性

１．経営発達支援計画

（1）制度主旨
　経営発達支援計画とは、商工会議所・商工会に課せられた地域としての発達計画であり、この「発達」という言葉の定義は、量より質の充実を示しています。この用語が世間の言葉の使い方とは一致しておらず分かりにくい一因となっています。平成３０年３月現在、１，３７０件(１，５７３単会)が認定されています。単会とは単独の商工会議所・商工会です。よって、件数の差額は連携体による提出です。
国のグランドスキームとして示した個別企業（あるいは連携体）の斜め線と重層してエリアとしての計画体系も併せることを国は考えたのです。
これも課題と支援という恩恵が対応式になっています。
将来的には、国はこのようなプランを出して承認されたところにしか補助金を出さないという形に持って行くと思われます。
では、まず、経営発達支援計画制定の際の条文を見ていきましょう。

背景
【基本指針 第二 ３．経営発達支援事業の内容】
経営発達支援事業は、小規模事業者の事業の持続的発展に資するものとして、経営改善普及事業の中でも<u>特に重点的に実施する事業</u>であり、主として以下の各項目に掲げる、商工会又は商工会議所が実施する事業であって、小規模事業者の技術の向上、新たな事業の分野の開拓その他の小規模事業者の経営の発達に特に資するものとする。
① 小規模事業者の販売する商品又は提供する役務の内容、保有する技術又はノウハウ、従業員等の経営資源の内容、財務の内容その他の<u>経営状況の分析</u>
② 経営状況の分析結果に基づき、需要を見据えた事業計画を策定するための指導・助言、当該事業計画に従って行われる事業の実施に関し、必要な

109

第3部　経済産業省補助金編

伴走型の指導・助言
③ 小規模事業者の販売する商品又は提供する役務の需要動向、各種調査を活用した地域の経済動向に関する情報の収集、整理、分析及び提供
④ マスメディア、各種広報誌等による広報、商談会、展示会、即売会等の開催又は参加、ホームページ、ソーシャルメディア等のITの活用等、需要の開拓に寄与する事業

　これが、経営発達支援計画の基本条文であって、国の課題と恩典のグランドスキームの中では地域に課せられているものです。
第1回の採択結果ではどちらかというと地方の方が採択されました。
この経営発達支援計画は地方創生の一環であり、国は全国一律ではもう施策を打てないので、地方の特色を生かしたプランで街づくりをしてくれということですので、地方の方が採択を受けやすいことは理解が出来ます。

経営発達計画については既に大きな矛盾が出始めています。
制度発足当時は石破茂さんの地方創成の考えのもとに生まれ、地方独自のことをやりなさいということであったと思います。
それが現在では段落付けから表現まで書き方が経済産業局によって細かく指導される状況となっています。
なぜそのようなことになってしまうかと言うと官僚がどんどん自分たちの仕事として細かいことの決めごとを作ってしまうからです
市町のタイプも次第に類型化され、その多くは観光資源を活かした観光客誘致型の街になってきています。
　（都市部は商工会議所管轄、地方は商工会管轄となります。数的には観光誘致の地方の方が多くなります）
早くも根本的見直しの時期に来ているのではないかと私は思います。
なお、制度発足当時に認定された市町村の経営発達計画は素晴らしいオリジナリティを持ったものであったということも申し添えておきます。

110

第8章　地域への発展性

　経営発達計画以外でも地域と企業との連携模索がなされています。
問題となるのは、その地域がその施策の基本計画を提出しているかということになります。（１１３Ｐの２．認定市町村制度と補助金参照）
ここで現段階では地域との連携と言ってもそれほどのレベルの高いものではなく雇用の受け皿となっているか、地方に税金を落としているかということになると思います。ここでは中堅規模以上の製造業は試作活用を考えていくべきです。地域には地域間競争があるのですから

当社で全採択先をリサーチした結果、地方の類型としては以下の８類型となりました。

(2)地域の類型化
当事務所では地域の特性を８つの類型に分けました。
① 都市型 ②商業都市型 ③工業ベルト・産地型 ④観光資源型 ⑤地域農業資源型 ⑥地域資源バランス型 ⑦ベットタウン・郊外型 ⑧連携型に分類しました。
このうち、⑤地域農業型は、具体的施策において、商工会（会議所）が直接、農業者を支援するというのはその成り立ちから言って馴染みません。
　そこで、
・農商工連携
・６次産業化（生産→販売→サービス業化を利益率が上がるように転化していくこと）
の段階を踏んで行くことになります。
　農業者と地域商業者・サービス業者を段階的に結び付けていくという手法が考えられます。
　農協・漁協との連携は当然考えなくてはならないことです。
⑧の連携型は、そもそも、連携する方がブランドが上がるのかどうかとい

111

うことを検討しなくてはならず、連携する場合は、その連携することによる付加価値を冒頭に持ってくるべきです。

(3) 2 factor　think（ツーファクターシンク）
　採択後のことも想定して、申請書を作るべきだと思います。
後で苦しまないためにも
・地域で強みとなる資源
・強みとなる部分を中心に施策アクセント
・商工会・商工会議所の持つ会員事業所・職員数から算出される妥当な目標数値

を分析し、現実を見た目標との接点にまで、落とすべきです。
ここで、2 factor thinkという考え方を説明します。これは、健康食品や化粧品の通販業界などで試行されている考え方です。
これらの商材には、許される表示に関する法律があります。

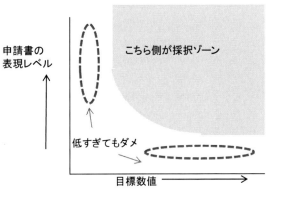

しかし、宣伝において、それを守ることだけを考えている訳には行きません。マーケティング効果を出さないといけないからです。
そこで、許される表現とマーケティング効果の最大になるところの接点を探ると言う手法です（この業界では法律を守りながらマーケティングをしていくということで、リーガルマーケティングと言います）。
今回の経営発達支援計画では、考えうるベストなプランを纏めることにより、目標数値を妥当な数値に落として、その交差点を探ると言うことになります。とはいえ、ある程度のレベルの前向き目標の設定は必要です。

２．認定市町村制度と補助金

　自治体レベルでは、認定市町村制度と言う制度が出来ました。
平成２９年１２月現在、１，２３４件（１，３７９市区町村）が認定され
ています。
認定数と自治体数の差額は連携申請です。
ここで、国のグランドスキームとの関係性は、経営発達支援計画と同じで
すが申請制度の詳細は省略します。
補助金との関係で論点があります。
ここで、補助金体系においてひとつの試行が行われました。
２０１７年本予算分から創業補助金において、申請の条件がこの認定市町
村での創業に限られたのです。
これは、大きなターニングポイントでしたが、課題も見えました。
これにより採択率は３分の１から３分の２に上がり、全国一律での創業補
助金申請の時には不採択になっていたプランの多くが一斉に採択されまし
た。３分の２という比率はそれなりに書けていたら良いというレベルです。
そこで、その採択プランの中には事業性において疑わしいものもあったと
いう問題です。
認定計画のあるエリアでの創業を誘導するという国のロジックには理解を
示します。
しかし、甘いプランの創業志望者を独立に誘導するということが、その人の
幸せに繋がるのかと考えると私は、この措置に賛成できません。
今後困るのは、創業補助金を申請したいのに（該当市町村がこの認定制度
に申請しておらず）創業想定エリアが認定市町村ではない場合に、申請が
出来ないと言うケースです。
しかし、現在のところ、提出できないエリアとなったところの申請希望者
の不満の声はあまり聞こえてきません。

第3部　経済産業省補助金編

３．地域中小企業応援フアンド事業

中央の補助金に加え、地方の独自予算で行う補助金があります。

この地域中小企業応援フアンド事業は、何を示すかと言うと、これは中央の資金のひも付きで、それぞれの県の事務局で行われていることを示します。ものづくり補助金と一緒じゃないかと思われるかもしれませんが、違います。

手を挙げなかったら県ではこの制度はありません。現実的にはほぼ全国で実施していますが、実施の無い県もあります。一般のチャレンジ型と農商工型があるのですが、農商工型は実施の無い県が多くなります。

それに対して、ものづくりは国の資金で全国一律で実施しています。その事務から地方に委譲している形です。地域フアンドは各地方で公募形式が決められますので、ここでは、京都の事例で申し上げます。

京都の場合は地域中小企業応援フアンドときょうと農商工連携応援ファンドがあります。

通称：京都おうえんフアンド

　　　　補助金支出は、事業費と事務費に分かれます。

　　　　補助率は２／３です（自己資金３分の１）。

地域フアンドに関するポイントを解説します。

現在は中小企業庁直轄補助金と変わらない競争率となっています。

テーマが、地域性の高いものなら地域フアンドというのが、オーソドックスな戦略でしょう。

そして、ややこしいのですが、この他に本来の意味での地方独自予算の地方補助金と言われるものがあるのです。

最近は地方独自予算の補助金は補助率（１／２補助など）や補助限度額は落ちるようで、その分、競争率も下がるというのが一般的です。

思い切ってそれを狙うという手もあります。ここで、複数併願は勧めません。一つ出すだけもかなりの労力を費やすからです。

114

第9章　ＳＢＩＲ制度―他省庁補助金

　中小企業庁サイトでことし毎年のＳＢＩＲ制度の項目（補助金）が発表
されています。

このＳＢＩＲ制度とは国が誘導したい技術革新のテーマで、総務省、文部
科学省、厚生労働省、農林水産省、経済産業省、国土交通省、環境省の７
省で、自省に該当する分野で補助金を出していこうと言う考えで、これを
もってどうということではありません

（支援策として信用保証制度における限度額の広がりなどの共通施策はあ
ります）

国は各省庁が思い思いに施策を出しているのではないと言いたい訳です。

ものづくり補助金もこの中の一つということです。

国がどういうことを推し進めたいかを確認するためにもキーワードだけで
もざっと見ておきましょう。

特に、普段より、「自社は国のためにいいことをやっているんだ」と力説し
ている事業所はどれかに該当している可能性もあります。

ただし、皮肉な現象もあり、国が推し進めたいい方向のど真ん中の事業を
やっている事業所は、既に受注が来ていて補助金は要らないという状況に
あります（ビッグデータ関係のソフト開発事業等）。

115

第3部　経済産業省補助金編

第10章　今後重点が置かれる海外・知財補助金

1．全体方向性の推測

　海外と知財関係の2つの分野の支援策が太い柱となり、いずれドッキングすると予言してきました。
太い柱となると言うのは外れましたが、後半の支援策のドッキングすると言うのは当たりました。（120P参照）

海外での模倣品対策事業というのが打ち出されたのです。
なぜこれらが太い流れになると予測したかというと、現在、内需が人口減の中で各地域とも減少して行くことが予想され、海外に活路を見出すしか策が残されていないからです。しかも、海外へ売りに行くのはソフトな資産です。製造業ならば、その技術指導力、流通業ならばジャパンクールと言われる日本文化の付加価値を持ったものしかないのです。
安倍首相もこれは分かっています。
ただ、逆に民主党政権から自民党政権に戻ったあたりから、アベノミクス政策で国内景気に対する希望が復活して、事業者は、あまり海外進出に目が向いていないのが実態です。

2．海外関連補助金

　海外進出関連の補助金に関しては模索が続いています。
ここ数年間は中小企業共同で海外マーケットに行こうと言う共同海外現地進出補助金という形、戦略を模索し、事業再編成するという形で試行され

116

ましたが、成果としては目に見えず。後掲の通り、マイナーチェンジしシンプルな形に戻りました。

政府としては、国際収支が赤字転落の中で、海外より稼ぐと言う市場は是非とも強化したいところですが、補助金支出後に検査義務が発生する中で、海外領収書を認めたくないとことが足かせになっています。

しかし、効果性を考えるといずれこれは、海外の領収書でも支出可能に踏み切ると予測しています（現在でも一部支出目的を絞って申請可能）。

(1)海外ビジネス戦略支援事業

　申請時に作成した海外展開計画書をもとに、専門家（シニアアドバイザー）のアドバイスを受けながら、ご自身で「事業環境分析」「ビジネスモデル分析」をし、海外事業計画を策定する事業です。(海外事業再編成推進支援事業は以下に統合されました)

・輸出型
　販路調査コース　　補助対象経費の２分の１以内　上限：５０万円
　ＷＥＢ集中コース　補助対象経費の２分の１以内　上限：５０万円
・拠点設立型
　進出コース　補助対象経費の２分の１以内　上限：１４０万円
　移転コース　補助対象経費の２分の１以内　上限：１４０万円
の支援が受けられます。

(1)支援のメニュー

　支援メニューは以下の通りです。どのコースの支援内容かは理解して貰えると思います。
・海外事業計画策定に係るアドバイス
・事前の市場調査・資料調査への助言や進捗管理など
・仮説の設定・検証

第3部　経済産業省補助金編

・現地調査に同行および現地でのアドバイス
・現地調査後のフォローアップ
・経費の一部補助
・外国語 Web サイト構築に係るアドバイス
・運用開始後、海外取引管理などについてアドバイス
・決済・物流サービス提携企業とのマッチング
・物流のソリューション構築に係るアドバイス
・各種決済システム導入費の一部補助
・現地への専門家動向アドバイス
・プレゼン資料作成アドバイス

　これらの補助金に関しては、政府所定の専門家が選定され我々のような
コンサルタントは関与できません。これが普及を阻害している面がありま
す。
そのような独占体制になると、この制度を普及させるために営業しないか
らです。専門的分野としてコンサルタントの品質を気にしてのことでしょ
うが、補助金所管の方にはものづくり補助金がなぜ、これほど普及したの
かということを再度、考えていただきたいところです。
規制緩和を期待します。

3. 知的財産関連施策

　知的財産分野施策は、現在最も注目されている分野です。
中小企業は、自社の知的財産の強みを侵害されないようにするという対策
の他に他社の知的財産の権利を侵さないためにも研究の必要があります。

(1)知財ビジネス評価書作成事業
　特許庁が所管して調査会社、金融機関が提携して無料で知財ビジネス評価

書を作成します。

(2)特許料の減免　減免

　減免制度は、一定の要件を満たす中小企業等を対象に、「審査請求料」、「特許料（第１年分から第１０年分）」及び「国際出願に係る手数料」等の料金が減免される制度です。１／２に軽減されます。
○「経営革新法認定企業」「ものづくり基盤強化事業」認定企業
○SBIR 制度の補助金交付企業
○認定異分野連携新事業分野開拓計画に関する出願
○研究開発に力を入れている中小企業　など（売上の３％以上）

(3)外国出願の助成

　　「国際出願促進交付金」として
　　国際出願手数料：納付金額の１／２相当額を交付　　上限：１５０万
　　冒認対策出願　　：納付金額の１／２相当額を交付
　　対象要件は(2)特許料と同じです。

(4)近年の動向

　　まずは、知財が借り入れの際に評価されなければ、事業拡大はなされません。
(1)知財ビジネス評価書作成事業は特許庁が所管して、金融機関が調査会社と提携して行う無料サービスですので知的財産経営に力を入れている事業所は活用すべきです。
ただし、現在のところ金融機関には融資評価時に本音と建前があり、本音はやはり担保主義です。昔から言われている技術担保が進まないのは統一した評価法がないからです。
誰もが納得する統一基準の作成は難しいでしょうが、出来る範囲で評価法を公開して行く姿勢は重要だろうと思われます。

第3部　経済産業省補助金編

また国の施策としての問題点は、海外進出・知的財産ともに補助金としては、消化しがたいということです。
この点については過去から補助金には設備信仰があると言うことで、説明してきました。

4．海外での模倣品対策事業（海外施策と知財施策のドッキング）

　海外進出と知財関連の統合は海外進出時の模倣品対策と言う形で試行が始まりました。
①模倣品対策支援事業　２／３補助　補助上限　４００万
　問合せ先　　（独）日本貿易振興機構、特許庁
②防衛型侵害対策支援事業　２／３補助　補助上限　５００万
　問合せ先　　（独）日本貿易振興機構、特許庁
③冒認商標無効・取消係争支援事業　２／３補助　補助上限　５００万
　問合せ先　　（独）日本貿易振興機構、特許庁
④海外知財訴訟費用保険補助　１／２　海外知財訴訟費用保険の掛け金の補助
　問合せ先　日本商工会議所、特許庁
いずれも現在はパイロット事業ですがいずれ大きな流れになってきます。

120

第4部
厚生労働省助成金編

第4部　厚生労働省助成金編

第11章　厚生労働省　助成金の新理論

　初版では、**キャリア形成教育の民間委託化が始まっている**ということを
理論として強調しました。

厚生労働省施策として

・離職者に対してハローワークで求職活動をする時点で、ジョブカードを
持たせ、進みたい職種での必要技術と知識を意識させる。

・事業主側には、その業種での職業能力体系図を意識させ、ジョブカード
による技術習得と連携させる

という動きがあります。１６４P以降で紹介している訓練系はこれに当た
ります。

これらを推進していくために、制度導入した事業所に助成金と言う形で奨
励金を支給するという誘導の仕組みです。

平成３０年度改訂で人材開発助成金(旧キャリア形成助成金)は大きくコー
スの縮小措置がなされましたので、この施策については、効果測定時期に
入って行くものと思われます。廃止ではなくあくまで効果測定時期です。

今回の新理論は「働き方改革への誘導措置の色彩が強まります！」

　今回は、助成金は働き方改革への誘導措置であることを説明します。
これは法制化前の経過措置の間に率先して実施した企業にのみ、報奨金と
いう恩恵を与えようという考え方です。

高年齢者雇用が代表的なもので65歳継続雇用が法制化してからは、65歳
までの雇用継続では奨励金はもらえないのです。

現在では６５歳超雇用推進、女性活用、インターバル制度導入などがこれ

122

にあたります。

　働き方改革の柱とは
・長時間労働の解消
・正規社員と非正規社員の格差是正
・高齢者の就業促進
の３本です。
各種の相談機関や団体で働き方改革のセミナーが盛んに行われていますが
その内容は先進企業のモデル事例の紹介の感があり、一般の中小企業に
とっては、遠い話のように聞こえてしまいます。
今回この３本柱の最終的に求めるものは事業所の生産性向上です。
必要なことはまずは
・長時間働くことが善ではない
ことを経営者がしっかりと理解することが大切です。
それが出来たなら労働時間の短縮は一般的な経営改善事項と同じく、無駄
な部分を分析して短縮時間の目標を決めて改善していく以外の方法はあり
ません。
職場意識改善助成金の中のインターバル助成金とは退社から翌日出勤まで
１１時間開けるということを規則化すれば、その研修費、コンサルティン
グ費用、規則改訂費用が助成される形になっています。
このようなインターバル制度もいずれ法制化される可能性があるというこ
とです。目的は過労死の防止です。
インターバル制度の法制化は、労働者の健康維持を考えると法政化は十分
に考えられることなのです。
世界の中で労働慣行の旧弊を引きずっている我が国ではこの誘導装置の助
成金はますます強化されることになるでしょう。
よって、制度が出たら、そして、事業所の戦略に合うのならば、早く動く
ということも戦略の一つです。

第4部　厚生労働省助成金編

まとめますと、生産性向上の名のもとに
・インターバル助成金で労働時間の上限の規制
・設備改善支援助成金で生産性向上設備の導入
・生産性向上要件をほぼ全ての助成金に補助額プレミアとして入れて誘導
とかなり焦点を合わせております。

この中で時間外労働に間に関して政府はいよいよ規制の法制化に動きました。
原則、時間外労働・上限規制は、原則月45時間、年360時間
例外
①時間外労働（休日労働は含まない）は年720時間以内とする
②時間外労働・休日労働の合計で月100時間未満とする
③複数月の時間外労働・休日労働の月平均は80時間以内とする
④月45時間を超える時間外労働は年6回以内（半年）とする
（２０２０年４月施行予定）
というもので、私の感覚から言うと該当するのは、特殊な会社です。

時間外労働改善助成金という時間外労働削減で助成が貰えるコースが拡大
されていますが、これは現況が異常に残業している会社が効果が出ると言
う助成金であり、当書籍の読者層の会社には該当しないだろうと予測して
掲載しておりません。

また、このような助成金から入ると残業時間数値と言う形から入ること
となりがちで、実践上、うまくいかないケースの方が多くなります。
業務の内容の整理と言う根本的なところから入ることをお勧めします。

第12章　助成金の基本スキーム

第12章　助成金の基本スキーム

1．厚生労働省の助成金の目的性

　助成金の支給目的の分類から説明します。
(1)雇用維持
(2)働く人のキャリア形成
(3)労働環境改善
　に加えて、近年スポットとして、
(4)女性の活躍(5)家庭と職場の両立支援というのもありますが、(4)と(5)大きく、分類すると(1)の雇用維持にあてはめられます。
また、業績低迷時の雇用調整助成金と言う休業手当に助成が貰える助成金も辞めさせないと言う視点では(1)の雇用維持になります。この雇用の維持というのは、裏返して言えばハローワークの登録者ホルダー数が増えないということで、これが、失業率の算出時に関係します。
よって、雇用調整助成金は「失業して、ハローワークに求職に来ないこと」が目的である訳です。
このように雇用の維持を裏返して見ると助成金の主旨がよく見えてきます。

2．助成金の通則

　助成金は基本的に雇用保険料から運用されます。
よって、補助金のような収益還付制度はありません。
助成金によって雇用が促進され、職場定着率が向上しますと雇用保険料は増し、ハローワーク側のコストは削減できるというロジックで成り立って

125

います。
よって雇用保険適用事務所であることが基本です。
・事業所としての届け出はまず、所轄の労働基準監督署→ハローワークです。
・基本的に雇用保険・労災保険はセットでしか加入できません。
・適用事業所になっても、保険料未納の場合は支給きれないことがあります。
労働実態があることが前提です。
実態を把握するのに、3種の神器と言われる・労働者名簿・賃金台帳・出勤簿があります。

3．事業主の心得

検査で、労働者の実態があるか、雇用契約書と一致しているかも調べられます。
全て架空で申請して摘発されている事例があるのも事実です。
基本は労務管理をきっちりすることです。
ここで非常に重要なことを説明します。
下の図を見てください。助成金申請においては現在の労務環境という事実と助成金申請のための要領という事実があります。

公募要綱の方は法律と言っても良いでしょう。
労務環境もこうでなければならないという
法律があります。
それが労働法規です。
ここで重要なことは、自社の労務環境も助成金
要領も事実であり、自分で判断したり捻じ曲げ
たりしてはいけないのです。

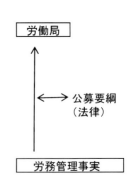

その助成金の要領を無視した自分なりの解釈で助成金申請をしてしまうと不正請求ということになってしまうのです。

これが経済産業省の補助金申請の場合、今後、「こうしていきたい」と説明する中での戦略部分は、自分なりの解釈で良いのです。

経済産業省の補助金の方はこう思うという戦略を書くということなので逆に代筆が禁じられるのです。

ここに戦略が、その通り行かなかったとしてもそれは不正ではありません。

この2つの違いをじっくりと考えてください。

4．入手しにくい助成金情報

　まず県の相談機関地方自治体の外郭団体や商工会議所型は基本的には経済産業省経営のコネクションと情報であり、厚生労働省側の労働局やハローワークとは太いチャネルを持っていませんでした。

これは現在改善されつつあります。それだけ雇用の問題の方がクローズアップされてきたということでもあります。

次に非常に微妙な問題です。

　厚生労働省助成金の説明を聞きに行くと専門的でも分かりにくいのです。経済産業省の施策の説明は基本的には企業戦略の結びついており革新的なことをして経済活性化をして行こうと言うことですので、事業主は分かりやすいのですが、厚生労働省の場合には、労働法規をベースに解説されます。これは言い換えれば労働者の権利を守るということになりますので事業主には腹に落ちにくいのです。

この分かりにくさが助成金申請の際の不正請求にもつながっており、事業主側には悪いことをしているという意識のないケースも多く見られます。

第13章 助成金体系の矛盾点

1. 原型が分からなくなる編成変え

　H27年　企業内人材育成推進助成金創設

　H28年改訂

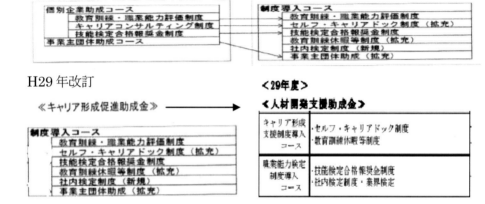

　H29年改訂

　H30年改訂

第13章 厚生労働省行政の矛盾点

これは、企業内人材育成推進創設以来の編成替えですが、3年繰り返されています。これで明らかに中小企業も申請取次の現場も混乱を極めています。編成の大枠が毎年変わるのでそれは当然の結果です。
体系の編成替えというのは何年間に一度という形に収めるべきです。まず中小企業事業主には複雑すぎて原型が理解がされていません。専門家にも理解しにくいものです。
中小企業施策としての理想的な体系を求めという姿勢は否定しません。
しかし継続は力なり絶対的真実があることがあるのも肝に銘じて欲しいものです。

2．経費支出の目的性との落差

例えばインターバル助成金の制定された主旨は何かと言うと、悲惨な過労死事故を予防したいというものです。
そこで企業が打つ施策に対しての助成が行われます。その内容はコンサル研修労務管理ソフトの導入などになりますが、必ず相見積もりの資料の提出が要求されます。
その際に品質の評価はほとんどされる値段だけの比較という形になってしまっています。
例えば労務管理ソフトにおいては今、過酷な労働を予防するようなカスタマイズされたソフトが販売されています。仕組みで言えばある人が深夜遅くまで残業した場合に、翌日の朝にインターバル時間の仕組みが作動してインターバル時間を空けないと会社に入れないような仕組みです。
このような仕組みを入れると開発費用がつきます。審査の過程においてはそのようなことが考慮されず安いソフトの方が良いということになります。勤退管理機能だけを備えたソフトならばフリーに近い価格に落ちてきています。ここで立ち止まって考えて欲しいのはそのような勤退管理ソフトであのような過労死事故が予防できたかという視点です。

129

第４部　厚生労働省助成金編

　経済合理性を求めるあまり、逆に政府の考えた「働き方改革の実現」には向かっていないというのが今の大きな矛盾点です。

３．実効性のない助成金

　本書では全ての補助金助成金の解説をラインナップしているわけではありません。

　まずは中小企業が知っておくべきメジャーな補助金・助成金と中小企業にとって取り組んで意味のある補助金・助成金を抽出しています。

　例えば厚生労働省の助成金に「生涯現役起業支援助成金」というものがありますが本書では取り上げておりません。

　この助成金で成功していると人というのはほとんどいないと思います。なぜかと言うことを具体的に説明します。

　この助成金のタイトルの流れで行きますと生涯現役でいなければいけないから起業するんだというロジックになります。起業というのは収益の取れるビジネスプランがあるから起業すべきであって、定年後生涯現役でいたいから起業すべきものではありません。

当然、優れた起業プランがあるならばスタートに年齢は問いません。もしそのような思いがある人がいたら、経済産業省の創業補助金に応募して真に儲かるビジネススタイルになっているのかの評価を仰ぐべきです。こちらは本書で紹介しています。

なぜこのようなことを言うかというとこのような助成金名にするとその通り勘違いしてしまう方が多いからです。

本書ではその補助金・助成金が企業にとってどのような意義があるのか、公募要項にも出ていない真の意味のところまで解説しています。

130

４．不利を被る個人事業所

　これは、法人化されていない例えば○○屋と言う屋号での事業で代表が変わった場合の処理の流れを例にとると分かりやすいと思います。

　個人と法人に分けて代表者が変わった場合の処理の流れを考えると、その簡便性には今大きな差があります。

　法人の場合代表者変更の登記を添付して申請するだけで、事業の継続性には問題なしとされますが、個人から個人への場合は、労働保険の支払う口座が個人についていますので、非常に厄介な問題が出てきます。

　例えば助成金の計画を出していて実行中に急事業主に引退せざるを得ない事情ができた時などです。これは結論から言えば公共職業安定所でその雇用保険適用事業所届の廃業と新代表での新規適用の届を出す際に事業内容は継続しているということで同一事業主証明書というのを取れば,法人の代表者変更の時と同じ変更の扱いとみなすということになりますがこの手順を労働局も公共職業安定所も簡単には教えてくれません。

全く手続きを知らないケースもあります。

煩雑な事務を増やしたくないというスタンスの場合もあります。

ただ中小企業事業主が高齢化している現状では今後このケースがどんどん出てきます。

真面目に労務管理をしている個人事業所で引き続き後継の事業主がそれを継続する場合に事業主が変わったというだけで労働者が共有すべき利益が途切れてしまうのはあまりに矛盾しています。

なぜこのことを強調するかと言うと本来、雇用保険事業あるいは助成金事業については雇用保険事業所として登録しているかそして雇用保険料を払っているかがポイントであり法人であるか個人であるかは「差別しない」というのが前提としてあるはずだからです。

また、企業の成長のあかしとしての「法人成り」と言う形態を取る時も組織変更に当たり生産性指標の要件算出でハードルが上がります。

第4部　厚生労働省助成金編

１３６Ｐで解説しています。

５.「随時」正社員転換は許されるのか？

　キャリアアップ助成金において、その制度を就業規則で、規則化する際
に転換時期について、「随時」という表現が許される県と許されない県があ
ります。許されない県ではその月日を明示しないと行けないのです。

この違いは

許されない県・・・事業主を性悪説で見ている。助成金を貰う時だけ規則
活用すると見ているので表現に具体性がないという判断。

許している県・・・事業主を性善説で見ていて、能力的に正社員に該当す
る人がいるならば随時キャリアアップしてあげたらいいじゃないかと判断
という構図となります。

確かにこれは、両方の考え方があります。しかし、対極の考え方が、国内
で併存する現状はおかしく統一的判断を出すべき重要な問題です。

一見些細なところですが、人の見方に対する相反する考え方がこの「随時」
という言葉に集約されているのでことは重要です。

132

第14章　助成金制度改訂への対応

第14章　助成金制度改訂への対応

1．平成30年度　改訂のポイント

(1)改訂のポイント

　厚生労働省施策の矛盾点にて、述べたように毎年、大編成替えが続いていますので、体系的な変更点を解説しても意味がないと思います。

そこで、現時点がどのようになっているかと言う視点で説明する方法をとっています。

人材確保助成金として

①雇用管理制度導入助成金（146P）②人事評価改善助成金（154P）③設備改善支援助成金（158P）が統合されました。

人材開発支援助成金として

①特定訓練コース（165P）②一般訓練コース（167P）③教育訓練休暇付与コース（178P）④特別育成訓練コース（168P）が統合されました。

その結果、

　　・キャリアコンサルタント活用のセルフ・ドック制度

　　・社内検定・外部検定制度

　の制度導入コースはなくなりました。

キャリアコンサルタント活用については東京・大阪に活用センターが設けられることになりましたが、企業の個別の助成金はなくなりましので

活用件数は今後一気に減少して行くと思われます。

133

第4部　厚生労働省助成金編

その他では、業務改善助成金で一部改定がありました。（139Pにて改訂
箇所アンダーライン）
インターバル助成金で一部改定がありました。（162Pにて改訂箇所アン
ダーライン）
キャリアアップ制度で諸点の変更がありました。（182Pにて改訂箇所ア
ンダーライン）
両立支援助成金で諸点の変更がありました。（193Pにて改訂箇所アン
ダーライン）
65歳超雇用推進助成金（216Pにて改訂箇所アンダーライン）

2．改訂を大きく捉える

　ここでは改訂の流れをできるだけ大きく捉えるようにします。
目的性でキャリアアップ系、誘導措置系、制度導入系と3種類に分けます。
キャリアアップ系とは文字通り正社員化への流れです。
誘導措置系とは働き方改革（高年齢者雇用、女性活用、時間外労働短縮）
への誘導です。
制度導入系とは就業規則に福利厚生や研修制度などを織り込み実施してい
くということです。
　まず明らかに言えることは制度導入系が縮小されていくということで、
制度導入系は過去は最も取り組みやすい助成金で社会保険労務士やコンサ
ルタントが進めていた助成金です。
　しかし、計画申請を出した企業は助成金申請に関係する初年度だけしか
その施策を実行しないというケースが散見されているのです。これについ
ては、法定以上の規則を組み入れた形になっていますので、その後たとえ
実行していなくてもペナルティをつけることはできないと言う事情があり、
逆に言えばそれが、このタイプの助成金を流行らせた理由でした。
次にキャリアアップ系も支給要件が厳しくなりました。

第１４章　助成金制度改訂への対応

　これも理由があり、企業側としては入社時に一旦、無条件に有期契約で区切りその後正社員化する。その時にそれに合わせて申請すれば助成金が貰えるなど、本来のキャリアアップの意味からは外れているケースがありました。そこで今回正社員化については賃金アップ５％アップの条件などが加えられたということです。

　また雇用環境の変化も関係していると思います。労働者側の売り手市場になり、条件を整えていかないと労働者側から辞めていくという時代が生まれますので、助成金という誘導措置に頼らなくてもいいという状況が生まれたということです。

　最後に誘導措置系ですが、これの本来的な意味は、法律で強制化される前に自発的、先進的にやった企業に対して恩恵を与えようというものです。職場意識改善助成金のインターバル助成金などがこれにあたります。
また人事評価改善助成金なども、賃金アップへの誘導策と言う意味となります。

　これは、前段は過労死への対策、後段は景気が良くなっても賃金額平均は上がっていないなど与党が野党に国会で責められていることに一致します。このように大きなフレームワークで捉えると非常に頭に入りやすくなります。

３．生産性指標要件への対応

①基本スキーム
　横断的にほぼ全ての助成額上澄みのある労働生産性指標とは何でしょうか？
経営向上計画で既にこの指標は出てきましたが、微妙に公式が違います。
ここでの公式は（営業利益＋減価償却費＋人件費＋動産・<u>不動産賃貸料＋</u><u>租税公課</u>）÷従業員数という形で、シンプルに言うと産出÷投入となりま

135

第4部　厚生労働省助成金編

す。これの過去3年前（決算書で言うと4期前）と直近を比べ6％以上増加であれば、助成の支給額が高まるのです。

（単位：千円）

① 付加価値額

		営業利益	減価償却費	人件費	動産・不動産賃貸料	租税公課	合計
直近	平成　年（年度）	102,020	1,000	173,968	5,333	341	282,662
3年前	平成　年（年度）	96,521	800	164,258	4,581	315	266,475

② 常用従業者数

		雇用保険被保険者数
直近	平成　年（年度）	47人
3年前	平成　年（年度）	47人

③ 生産性

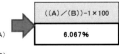

（厚生労働省ホームページより）

②比較対象なしで成立しないケースなど

3年前（決算書で行くと4期前）に

・従業員がいなかった。
・まだ創業していなかった。

等の場合はスタート値が無しとして適用されません。

・3年間の間に法人成りした場合も個人決算と法人決算に会計処理上の継続性ありと認められた場合（＊）のみ算出可能です。

平成29年10月に人件費に役員報酬が入らないことが明記されました。主旨から見て当然のことと思われます。

（＊）関与税理士が一筆書くなどの証明が求められます。

③金融機関の事業評価を仰ぐ特別ルール

　３年前に比べて６％の増加を確認できれば満たすのですが、これに加えて、増加率が１％以上あることを条件に、「金融機関が事業可能性評価ありと見れば、生産性要件は条件達成」となりました。

・１行のみチャレンジできます。（労働局が金融機関に既に説明会をしています）

・事業主が調査して貰う銀行・支店を決めて、調査依頼書を労働局に出します。

・その銀行に借入金がないと行けません。（金融機関は融資を与信と言って信用を与えるために情報収集して評価・審査するのです）

事業主が調査依頼票を出すことにより労働局が、銀行に照会しますが事業主はその時点で結果分からないのでギャンブル的要素は残ります。

評価要素は以下の通りですが、これ以上の内訳や基準はなく金融機関の評価になります。

これは、チャレンジする価値はあります。銀行の評価が分かります。

これにうまく対応することは重要です。

労働局→銀行への調査項目は、

事業可能性調査項目

①市場（市場の成長性等）　　②競争（競争優位性等）

③事業特性（事業の経済性等）　④ユニークネス（経営資源・強み等）

の４項目です。

④現状の課題

　この生産性向上要件の制度を活用している比率はまだ高くないと聞いています。

・指標計算式が複雑であること

・専門家である社会保険労務士が顧客から決算書を貰う習慣のないことがあると思います。

このようなことが国の作った施策と現実で落差の出るところです。

（県に生産性向上のための相談センターも作られています）

⑤総括

　　ここで、生産性指標の分子を見てみましょう。

営業利益＋人件費＋減価償却費＋租税公課＋賃貸料

です。

減価償却費以降と分母の従業員数は不変と見ると、人件費の２％が乗れば達成するように思えるかもしれませんが、それは誤りです。

売上から営業利益を算出する時に、会社側からみると２％コストアップしています。よって、売上で２％アップか人件費以外のコストで効率化されていないと達成し得ないのです。

では、結論として何が必要かと言うと人件費、設備投資した分売り上げが上がると言う出口戦略です。

第15章　厚生労働省のメジャーな助成金解説

1．業務改善助成金

(1)制度主旨

　　中小企業・小規模事業者の生産性向上を支援し、事業場内で最も低い
　賃金（事業場内最低賃金）の引上げを図るための制度です。
最低賃金を上げるために労働条件を改善して、生産性を上げねばならない
と言うロジックです。
生産性向上のための設備投資（機械設備、POS システム等の導入）などを
行い、事業場内最低賃金を一定額以上引き上げた場合、その設備投資など
にかかった費用の一部が助成されます。
条件は、事業所内最低賃金の労働者の時給を上げることです。
各事業所の現状の最低賃金額（時給）がマトリックスに加えられ上げる賃
金ピッチ額も誘導されることになりました。平成３０年改訂では引き上げ
るピッチに改訂があり、３０円以上、４０円以上となりました。

(2)申請スケジュール

　　1　助成金交付申請書の提出→この後に最低賃金の改定
　　2　助成金交付決定通知
　　3　業務改善計画の実施　→設備投資などはここ
　　4　事業実績報告書の提出
　　5　助成金の額の確定通知
　　6　助成金の支払い

第4部　厚生労働省助成金編

　申請書類はこの助成金のみ申請書内（１４２P参照）に添付物一覧があります。

　いずれも写しを取るだけのものです。

(3)コース解説

申請コース区分	助成率	引き上げる労働者数	助成の限度額	助成対象事業場
30円以上コース	7／10 常時使用する労働者数が企業全体で30人以下の事業場は3／4	1〜3人	50万円	事業場内最低絵賃金が1,000円未満の事業場
		4〜6人	70万円	
	生産性向上要件を満たした場合 3／4	7人以上	100万円	
40円以上コース	常時使用する労働者数が企業全体で30人以下の事業場は4／5	1人以上	70万円	事業場内最低賃金が800円以上1,000円未満の事業場

　申請コースごとに定める引上げ額以上に、事業場内最低賃金を引き上げた場合に、生産性向上のための設備投資等にかかった費用に助成率を乗じて算出した額が助成されます（千円未満端数切り捨て）。

　なお、申請コースごとに、助成対象事業場、引上げ額、助成率、助成の上限額が定められていますので、注意してください。

まずは、上記の表に冷静に投資額、引き上げ対象者、引上げ額を当てはめてみます。

　認められる設備投資は、詳細な取り決めがありますので厚生労働省のサイトで確かめてください。

　基本的に設備は投資可能ですが、単純にパソコンを入れる等は不可です。また、エコカーなど省エネ系もだめです。コンサルタントへの委託費は支出可能です。業務ルーテインに組み入れてそれが効率化につながるというロジックが必要です。

それを書くのが申請書内の(2) 事業実施計画のところです。

以下の点に注意してください。

・最低賃金者の生産性向上につながる設備でなくてはならない。

生産性向上は、社員の労働時間短縮と考えると分かりやすいと思います。

第15章　厚生労働省のメジャーな助成金解説

逆に、政府の目的として助成金目的が設備投資（機械もの）の誘い水ではないのでサイトの開発・改良など、ソフトな経費でも可能です。

　申請前に所管（労働局）に問い合わせすることが、ベストな方法だと思います。

最後に、更に助成率が上がる条件として、生産性要件と言うのがあります。具体的には、事業所全体で３０人以下の場合、補助率が３／４から４／５へ、３１人以上は７／１０から３／４に引き上がります。

生産性要件は１３６Ｐのエクセル表の添付で要件クリア―を証明すると言う形です。

添付資料は以下の通りです。

1　事業実施計画書（別紙２）

2　納税証明書（消費税及び地方消費税）

3　納税証明書（法人税又は所得税）

4　助成対象経費の見積書

5　生産性要件を満たしていることが確認できる書類（交付要綱第４条第３項に該当する場合）

6　申請前６月分の賃金台帳の写し

7　その他参考となる書類

(4)申請のポイント

　本助成金は申請書を提出して、申請中に最低賃金の改訂が必要となります。その後に投資内容の審査で不採択となりますと、賃金を上げただけと言う結果になりますので、申請前に労働局担当者と十分に打ち合わせる必要があります。

第4部　厚生労働省助成金編

(5)申請書記入解説

様式第1号

平成30年5月　日

＊＊労働局長　　殿

住所　京都府乙訓郡大山崎町北浦2-6,
　　　1-403（〒618-0091）
事業場名　　株式会社　ロンジン
代表者職氏名　　西河　豊　印

（代理人の場合）
住　所
事業場名
代理人氏名　　　　　　　　印

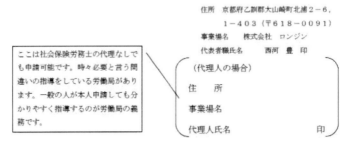

ここは社会保険労務士の代理なしでも申請可能です。時々必要と言う間違いの指導をしている労働局があります。一般の人が本人申請しても分かりやすく指導するのが労働局の義務です。

平成〇年度中小企業最低賃金引上げ支援対策費補助金（業務改善助成金）

交付申請書

中小企業最低賃金引上げ支援対策費補助金（業務改善助成金）の交付を受けたいので、下記の書類を添えて申請します。

記

1　申請金額　　700,000円
2　事業の目的及び内容　　最も低い時間給を現行の881円から941円に引き上げることとして、平成30年9月分から適用する。また効率改善として、ホームページの作成を業者にお願いして、効率的な集客を図り現状の集客業務を無くすことにより従業員負荷を低減する。
3　申請コース（①30円コース、②40円コース）※いずれかに〇をすること
4　生産性要件（①6％以上、②1％以上6％未満、③該当なし）※いずれかに〇をすること

第１５章　厚生労働省のメジャーな助成金解説

別紙１

国 庫 補 助 金 所 要 額 調 書

区分	総事業費	収入額	差引額 （A－B）	対象経費 支出予定額	対象経費支出 予定額（D）に 助成率（※1） を乗じた額	基準額 （上限額） ※2	選定額 （EとFを比較し て少ない方の額）	国庫補助 基本額 （CとGを比較し て少ない方の額）	国庫補助 所要額 （1,000円未満切 り捨て）
	A	B	C	D	E	F	G	H	I
中小企業 最低賃金 引上げ支 援対策費 補助金（業 務改善助 成金）	1,350,000 円	0 円	1,350,000 円	1,350,000 円	1,012,500 円	700,000 円	700,000 円	700,000 円	700,000 円

※1　企業全体で常時使用する労働者の数が31人以上の事業場にあっては10分の7（ただし、別途定める生産性要件を満たしている場合は4分の3）

　　　企業全体で常時使用する労働者の数が30人以下の事業場にあっては4分の3（ただし、別途定める生産性要件を満たしている場合は5分の4）

※2　別表第1の第5欄に定める各コースの上限額

別紙２

事 業 実 施 計 画 書

1　申請企業の規模等		①資本金又は 出資の総額	5,000,000 円	①資本金又は 出資の総額	5,000,000 円
		③本店所在地	\〒618-0091　京都府乙訓郡大山崎町北浦2-6，1-403		

2　業務 改善等 を行う 事業場	①事業場の名称	株式会社　ロンジン		
	②労働保険番号	1 5 1 0 ＊ ＊ ＊ 5 8 9 0 － 0 0 0		
	③所 在 地	\〒618-0091　京都府乙訓郡大山崎町北浦2-6，1-403		
	④電話番号	075（957）＊＊＊＊	⑤常時使用する労働者の数	5人
	⑥事業内容	ネイルサロン		
	・大分類	N	中分類 78	

3　助成事業の概要

(1)　賃金引上計画［　① 30円以上引上げ（1,000円未満）、② 40円以上引上げ（800円以上・1,000円未満）］
※申請コースに応じて①か②のいずれかに○をすること。なお、括弧内は事業場内最低賃金額である。

ア　賃金が時間給等で 1,000円未満の労働者 ※該当労働者全員の賃金状況を記載 すること。なお、該当者が多く書き 切れない場合は、別紙（様式任意） に記入すること。	労働者職氏名	性別	生年月日	採用年月日	時間給又は時 間換算額
	田嶋光雄	男	平成4年2月1日	平成25年2月1日	881円
	山田五郎	男	平成7年7月3日	平成25年1月2日	890円
	飯田典子	女	平成9年9月23日	平成28年5月21日	980円

イ　事業場内最低賃金を 引き上げる計画 ※⑤引上げ額の該当者が 多く書き切れない場合は、 別紙（様式任意）に記入す ること。	①賃金計算期間　毎月21日〜翌月20日 ②賃金支払日　毎月25日 ③引上げ年月日　平成30年9月21日 ④引上げ額　氏名　　　　引き上げ後　　　引上げ額 　　　　　　田嶋光雄　　　941円　　　　60円 　　　　　　山田五郎　　　950円　　　　60円 　　　　　　　　一番低い人が引き上げも最低でな 　　　　　　　　いとだめなので複数人を上げる必 　　　　　　　　要がある場合も

143

第4部　厚生労働省助成金編

ウ　事業場内最低賃金規定を定めた就業規則等（案）	第25条　当事業場内における最も低い賃金額は、時間給または時間換算額８４１円とする。ただし、最低賃金法（昭和34年法律第137号）第8条に基づく、最低賃金の減額の特例許可を受けたもの除く。 2　前項の賃金額には、最低賃金法第4条第3項に定める賃金を算入しない。また、時間換算額の算出方法は、最低賃金法施行規則第2条の定める所による。

> 不加算項目
> 一　一月をこえない期間ごとに支払われる賃金以外の賃金で厚生労働省令で定めるもの
> 二　通常の労働時間又は労働日の賃金以外の賃金で厚生労働省令で定めるもの（この通り書かないとだめ）

(2) 事業実施計画

必要性、内容及び実施方法	実施予定時期	費用見込額（税込）
※生産性向上、労働者の労働能率の増進に効果があることを具体的に記入してください （記載内容例） (1)現状の作業方法（問題点）、所要時間等 (2)設備投資など業務改善計画の内容 (3)計画の実施による生産性向上、労働者の労働能率の増進、業務改善の効果 (1)現状の作業方法（問題点）、所要時間等現在、新規集客方法として、手作りの会社概要やチラシを作成して、それを駅前で配布し、新規客を呼び込んでいる。おおよそ、日に１時間くらい作業に時間を費やしている。　業務の空いている時間帯に行うことで新規客数を増やすことを目的としたが、業務が忙しくなることできなくなるため、その場合には新規集客ができなかった。 (2)設備投資など業務改善計画の内容 　弊社は、ホームページを持っていないが、今回携帯最適化のホームページを新規作成に加え、ネットでの予約システムを構築することにより、ネット検索から新たなお客様（特に若い層）を集客するものである。 (3)計画の実施による労働能率の増進、業務改善の効果として１度作成すれば、自動的に集客が可能になり、予約調整機能もあるので、集客業務把かかる時間が大幅に削減できる。したがって、効果としては、集客に係る作業時間が減り、本来の業務に集中できる。	平成３０年１０月３１日	（前の頁の適用除外の説明） 適用除外　第八条 一　精神又は身体の障害により著しく労働能力の低い者 二　試の使用期間中の者 三　職業能力開発促進法（昭和四十四年法律第六十四号）第二十四条第一項の認定を受けて行われる職業訓練のうち職業に必要な基礎的な技能及びこれに関する知識を習得させることを内容とするものを受ける者であって労働省令で定めるもの 四　所定労働時間の特に短い者、軽易な業務に従事する者その他の労働省令で定める者 ソフト開発一式 １，３５０，０００円 （税込） （このように具体的に書くよう指導される。）

費　用　見　込　額　合　計　（税込）		１，３５０，００円

(3)生産性向上、労働者の労働能率の増進に資する事業実施計画に対する労働者※1の意見

意見を聴いた労働者の職氏名
田嶋光雄　山田　太郎

意　見
＊＊＊＊＊することに同意します。

144

第１５章　厚生労働省のメジャーな助成金解説

(4)　事業完了予定期日		平成３０年１１月５日		

4　交付の決定前６月間の解雇等の状況※２（交付要綱第４条第４項第１号関係）
なし

> ここは、なしでないといけない

5	他の助成金の受給、申請の有無（交付要綱第４条第４項第１号のエ関係）		有 ・ 無
	有の場合、助成金の名称	キャリアアップ助成金	
6	労働関係法令違反の有無（交付要綱第４条第４項第２号関係）		有 ・ 無
7	補助金等の決定取消し等の有無(過去３年)（交付要綱第４条第４項第３号関係)		有 ・ 無
8	暴力団関係事業場の該当の有無（交付要綱第４条第４項第４号関係）		有 ・ 無
9	破壊活動防止法の該当の有無（交付要綱第４条第４項第５号関係）		有 ・ 無
10	税若しくは徴収金の滞納の有無（交付要綱第４条第４項第６号関係）		有 ・ 無
11	倒産の有無（交付要綱第４条第４項第７号関係）		有 ・ 無
12	不正受給の公表同意の有無（交付要綱第４条第４項第８号関係）		有 ・ 無

13	振込を希望する金融機関			
	金融機関名	三井住友銀行	金融機関名	三井住友銀行
	口座の種類	普通 ・ 当座	口座の種類	普通 ・ 当座
	口座名義 （カタカナ）	株式会社）ロンジン カ）ロンジン		
14	その他			

> 同じ目的で二重に貰っていないかの
> チェック、この事例の場合はまったく別
> の目的の助成金なのでセーフ

145

第4部　厚生労働省助成金編

２－１．人材確保助成金　雇用管理制度助成コース

(1)制度主旨

　雇用管理制度（評価・処遇制度、研修制度、健康づくり制度、メンター制度）の導入などを通じて従業員の離職率の低下に取り組む事業主に対して助成するもので、雇用管理改善を推進し、人材の定着・確保と、魅力ある職場の創出を目的としています。

　　ここでは雇用管理制度助成を解説し、介護福祉機器等助成・介護労働者雇用管理制度助成の解説は省略します。

(2)コース解説

　４つのコースがあります。５７万円（生産性要件７２万）の支給です。
・評価・処遇制度　　　　　・研修制度
・健康づくり制度　　　　　・メンター制度
・短時間正社員制度（以下の説明では省略します。保育事業主のみです）
ということで、ここまでわかる通り、既存にがっしりとした制度がない方がやりやすいと言うことが言えます。既に制度があって、それに無理に付け加える形になる場合は助成金を貰わんがために制度導入はしないでください。

(3)離職率低下の目標達成による支給

対象事業所における雇用保険一般被保険者の人数規模区分	1～9人	10～29人	30～99人	100～299人	300人以上
低下させる離職率ポイント（目標値）	15%	10%	7%	5%	3%

ここで、制度導入後１年間で、離職率低下の目標達成をすれば５７万が支給されます（生産性向上要件に該当する場合、２０％アップの７２万）。どの期間と対比するかについては次項のスケジュール表を見てください。
　ここで、事業所規模にあてはめて、目標低下率を算出するのですが、多くの企業は最も左端の小規模な企業枠となり、計算するとマイナスになります。その場合、０％となり、離職者を出してはいけないと言うことです。このパターンがほとんどです。ここで、計算上の注意点として
・分母も分子も雇用保険のかかっている人で計算します。
・離職の内、定年と重責解雇は除外されます。
・逆に会社都合（いわゆるリストラ）はもとより労働者の自己都合退職もカウントします。
　そこが職場定着の目指すところだからです。
　自己都合の場合は今回制度のような職場定着施策を施しても、やむを得ざる理由で発生することも考えられます。
　そういう意味では、目標達成するかどうかは運の要素もあり、一般企業の間でもそんなものだというイメージになりつつあります。

(4)申請スケジュール
計画申請→計画認定→規則の織り込みと制度実施→制度導入期間終了→定着率（離職率）計算期間終了を待って、２カ月以内に支給申請する。

H31.9.1～H31.11.30を制度整備期間とする場合

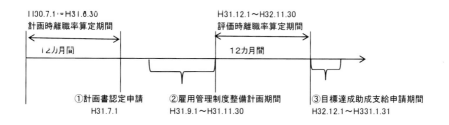

第4部　厚生労働省助成金編

計画が認められてから実施に入ると言うのは補助金・助成金の通則です。

　雇用管理制度導入コースは、離職率の計画算定期間があります。

図でみていただいて分かるように目標達成の支給申請はかなり先になりますので日付管理が重要です。

(5)申請時必要書類

1　雇用管理制度整備計画（変更）書（様式第 a-1 号）

2　導入する展用管理観度区分に応じた概要票（様式第 a-1 号）

3「事業所における雇用管理制度対象労働者名簿」（様式第 a-1 号　別紙7）

4「事業所確認票」（様式第 a‑2 号）

5　現行の労働協約または就業規則

6　対象事業所における計幽時離職率の算出に係る期間の雇用保険一股被保1険者離職状況がわかる書類、離職票（写）、雇用保険資格喪失通知書（事業主通知用）（写）等

7　その他旨轄労働局長が必費と認める書類

1～2は、これ以降の記入事例にあります。

見ていただくと分かりますが、全体でも、それ程の分量ではありません。

4は、現行制度の確認のためです。支給申請時に、改訂後規則を提出します。

6は、離職率目標のスタート数値（現在離職率）の確認がなされます。

7では、コースの内容を示す資料を要求される可能性があります。

(6)事前学習事項

　この制度導入によって労働者側に不利になってはならないということが各コースの概要表のチェック欄として明示されていますので先に理解しておくべきです。

第15章　厚生労働省のメジャーな助成金解説

評価・処遇制度

・制度導入後の雇用管理制度整備計画期間における通常の労働者一人一月当たりの平均賃金（臨時に支払われる賃金を除く。）が、雇用管理制度整備計画期間前の平均賃金と比較して低下しないものであること。

・諸手当制度を導入する場合、手当の導入に伴い基本給を減額するものではないこと。

　また、既存の手当を廃止して新たな手当を設ける場合は、新設する手当の支給総額が廃止する手当の支給総額よりも増加するものであること。

・退職金制度を導入する場合、積立金や掛金等の費用を全額事業主が負担するものであること。

最も、無難に整合するのは資格制度です。これは、②研修制度でも言えることですが、企業戦略の中で整合性のある制度導入にしてください。

研修制度

・e-ラーニング、通信でも可能です。１０時間以上が必要です

・教育訓練等の期間中における賃金の他、受講料（入学金及び教材費を含む。）、交通費等の諸経費を要する場合は、全額事業主が負担するものであること。

・教育訓練等の期間中の賃金については、通常の労働時の賃金から減額されずに支払われるものであること。

・教育訓練等が所定労働時間外又は休日等に行われる場合は割増賃金が支払われること。

健康作り制度

・受診等により発生する費用の半額以上を事業主が負担するものであることが必要です。

・検診内容から見て合理的理由ならば年齢範囲指定することは可能です。

第4部　厚生労働省助成金編

・法定診断の方をしっかり運用しているかを先に審査されるようになってきています。

メンター制度
・メンター研修期間内におけるメンターの賃金の他、受講料（入学金及び教材費を含む。）、交通費、外部メンターへの謝金・委託料等の諸経費について、全額事業主が負担するものであること。健康つくり制度のみ半額ですので間違わないようにしてください。
また、相談するメンターはライン上の上司は避けた方が良いとされ、これも小規模事業者には取り組みにハードルになると思います。
上記のうち研修制度でメンター研修をするということはメンター制度と二重の請求の様な形になりますので不可になります。

(7)就業規則・労働協約への反映
　これ以降の助成金でも規則への反映が公式のように出てきますので、ここで、その仕組みを覚えましょう。
それぞれの制度解説は就業規則に折り込む際に
・その制度を受けるのに経費の負担をどうするか？
・その制度を受けている時間は労働時間に算入すべきか？
に注意すべきです。労働協約は労働組合のある場合等を除き提出資料としては一般的に認められません。

　生活習慣病予防検診の就業規則変更予定事例

> 第　　条　（健康診断、生活習慣病予防検診）
> 　会社は、労働者の病気の予防、健康の保持増進を図るため、毎年度1回、健康診断および生活習慣病予防検診（歯周疾患検診検診）を実施する。
> 　2　生活習慣病予防検診（歯周疾患検診検診）は、正社員に対して実施する。

第15章　厚生労働省のメジャーな助成金解説

> 　3　会社は、前2項の対象者に対し、実施日の少なくとも1か月前まで
> に、口頭により通知する。
> 　4　会社は、健康診断および生活習慣病予防検診の結果を本人に速やか
> 　　に通知するとともに、異常の所見があり、必要と認めるときは、就業
> 　　を一定期間禁止し、又は配置転換を行い、その他健康保健上必要な措
> 　　置を命ずることができる。会社は、第1項の目的を達成するため、診
> 　　断結果等を踏まえて、人事上の配慮が必要な労働者に対し、配置転換
> 　　等の必要な措置を講ずる。
> 　5　会社は、健康診断および生活習慣病予防検診（歯周疾患検診検診）
> 　に要する費用の全額を負担する。
> 　会社は、健康診断および生活習慣病予防検診（歯周疾患検診検診）に関
> する書類は、6年間保存する。
> 　変更予定日：平成30年8月1日

(8)申請のポイント

　なんと言っても、この雇用管理制度のツボは従業員になぜ、この制度を
するのかの説明です。それは、目的は働きやすい環境を作ることによる職
場定着率の向上です。

151

第4部　厚生労働省助成金編

(9)申請書解説

申請書があり、選択するコースの概要表（計画書のようなもの）があるという構成を覚えましょう。

様式第 a-1 号(H30.4 改正)

人材確保等支援助成金（雇用管理制度助成コース）　雇用管理制度整備計画（変更）書

人材確保等支援助成金（雇用管理制度助成コース）雇用管理制度整備計画（変更）書の認定を受けたいので以下のとおり申請します。
なお、本申請書内容につき、雇用関係助成金の受給及び雇用関係助成金の受給申込書内容について、虚偽が無いことを申し添えます。

平成　年　月　日

＊＊　労働局長　殿　　事業主　住所　〒955-＊＊＊＊　山形県山形市＊＊＊5-5-116
又は　名称　有）合田精密
代理人　氏名　代表　合田　市蔵　　　　　　　印

代理人が申請する場合は、上欄に代理人の記名押印等を、下欄に雇用関係助成金（雇用管理助成金）の支給に係る事業主（申請者）の住所、名称及び氏名の記入（押印不要）を、社会保険労務士が提出代行又は事務代理する場合は第16条第2項に規定する提出代行者又は同条第16条の3に規定する事務代理者たる社会保険労務士が申請する場合は、上欄に事業主（申請者）の記名押印等を、下欄に社会保険労務士の記名押印等をして下さい。

事業主又は
社会保険労務士　　住所〒618-0091京都府乙訓郡大山崎町北浦2-6,1-403
（提出代行者・事務代理者）　名称　西河経営・労務管理事務所
氏名　西河　豊　　　　　　　　印

①申請事業主	(1)事業主の主たる事業所の雇用保険適用事業所番号	1504-21＊＊＊-＊	(2)主たる事業	金属製品製造業
	(3)常時雇用する労働者数	5 人	(4)資本の額又は出資の総額	5,000,000 円
	(5)-1　制度導入の事業所における、本申請書提出日の12か月前の日の属する月の初日の雇用保険一般被保険者数			6 人
	(5)-2　制度導入の事業所における、本申請書提出日の12か月前の日の属する月の初日から本申請書提出日の属する月の前月末までの期間に離職した雇用保険一般被保険者数			1 人
	(5)-3　うち、定年退職又は重責解雇した者等を除いた数			1 人
②雇用管理制度整備計画期間		平成　30 年　10 月　1 日　～　平成　30 年　12 月　31 日		

③申請予定額	☑目標達成助成	
	57万円（生産性要件に係る申請の場合は72万円）	
④国等からの補助金等（本助成金を含む）の受給の有無	有（　　　　　　　　　　　）・無	
⑤計画時離職率　（①(5)-3 ／ ①(5)-1 × 100）※100%を超えた場合は100%と記載すること。	17 %	⑥離職率の低下目標　15 %　⑦目標離職率（⑤－⑥）　2 %
⑧労働安全衛生規則第43条、第44条等に基づく定期健康診断等の実施の有無	☑ 実施　□ 未実施	
⑨申請事務担当者　社会保険労務士記載欄	合田　市蔵	電話番号　0256-＊＊-＊＊＊＊
	作成年月日、提出代行・事務代理者の表示	氏　名　　　　　電話番号
	平成28年8月25日　事務代理者	西河　豊

ここはあくまで、要項上の目標値を拾う
0%は間違い

申請書区作成にも関与して貰う場合、
事務代理、届出だけは提出代行

目標計算してマイナスになれば0%目標

152

第15章　厚生労働省のメジャーな助成金解説

（様式第a-1別紙2）

導入する研修制度の概要票

1. 現状・課題	毎日金属切削をこなすばかりで、スキルアップを図ることがほとんどない。特に、売り上げアップに重要な、営業に当たるマーケティングに関するスキルアップを図ることは日常では不可能である。今回、外部の研修制度を利用して、マーケティング技能研修を実施する。
2. 制度の種類	☐ 階層別研修（新入社員研修、管理職研修、幹部職研修　等） ☑ 職能別研修（新任担当者研修、<u>マーケティング技能研修</u>、管理職研修　等） ☐ その他の研修
3. ※制度の概要、制度の実施が担保されるための内部規定の整備等、労働関係の改善等、事業主の費用負担等（別紙）です。	【制度の概要・趣旨・目的】 　営業に必要なマーケティングスキルを向上させる目的で、外部研修を受講する。 【制度の対象者の範囲及び人数、選定基準】 ☑ 通常の労働者　　　：　2人 　→ 選定基準 職種、職務内容、役職などにより限定する場合はその理由） 　　課長職以上の社員に適用する。 ☐ 通常の労働者以外　：　　人 　→ 選定基準 職種、職務内容、役職などにより限定する場合はその理由） 【研修テーマ、研修カリキュラム、外部講師の又は外部研修機関の活用の有無】 　外部研修を利用する。 　マーケティング技能研修（マーケティング技能研修、10時間コース） 　研修講師機関：中小企業診断士　西村　豊　氏　　　　［このように関与者と重なることも講師選択に合理性があれば可能です。］ 【研修時間、研修期間又は研修期限】 　研修時間は、研修カリキュラムに従うこととし、研修時間は10時間の予定である。 【研修受講者への通知方法、通知時期、手続き】 　研修会社が決定、カリキュラムが決まり次第、受講者に通知する。 【事業主の費用負担】 ☑ 教育訓練等の期間における賃金の他、受講料（入学金及び教材費を含む）、交通費等の諸経費を要する場合は、全額事業主が負担するものであること。 ☑ 教育訓練等の期間中の賃金については、通常の労働等の賃金から減額されずに支払われるものであること。 ☑ 教育訓練等予定労働時間外又は休日に行われる場合は割増賃金が支払われること。 ☐ その他費用負担に関する補足事項（　　　　　） 【その他】　　　　［これは申請日より後になる。整備しておかないと提出を疑われる］ →
4. 施行日等	【就業規則の労働基準監督署等への届出予定日又は労働協約の締結予定日】 　→ 届出しない予定 【就業規則又は労働協約に係る従業員への周知予定日（従業員への書面による周知、説明会日程等）】 　→ 平成30年9月30日　頃 【就業規則又は労働協約の施行予定日】 　→ 平成30年10月1日　頃

153

第4部　厚生労働省助成金編

２−２．人材確保助成金　人事評価改善等助成金

(1)制度主旨

　生産性向上に資する人事評価制度と賃金制度を整備することを通じて、生産性の向上、賃金アップ及び離職率の低下を図る事業主に対して助成するものであり、人材不足を解消することを目的としています。平成３０年改訂で１年後の目標達成助成が３年後となりました。

(2)基本スキーム

１．人事 評価制度等の整備に関する人事評価制度等整備計画を作成し、管轄の労働局に提出してその認定を受けること。

　（１）正規労働者等を適用対象とする制度であること。

　（２）労働者の生産性向上に資する制度として、労働組合又は労働者の過半数を代表するものと合意していること。

　（３）人事評価について、評価の対象と基準・方法が明確であり、労働者に開示していること。

　（４）人事評価が年１回以上行われるものであること。

　（５）人事評価制度に基づく評定と、賃金（諸手当、賞与を含む）の額又はその変動の幅・割合との関係が明確であること。

　（６）賃金表を定めていること

　（７）（５）と（６）を労働者に開示していること。

　（８）新制度の実施日の前月とその３年後の同月を比較したときに、「毎月決まって支払われる賃金」の額が６％以上増加する見込みであること。具体的には以下、①又は②のいずれかに該当するものであること。

①新制度の適用対象となる労働者が、新制度における人事評価において最も一般的な評定を受けた場合に、新制度の実施日の前月とその１年後の同月の「毎月決まって支払われる賃金」の総額を比較したときに、２％以上

154

増加する見込みであること。評価項目は通常するべき努力で達成できる評価項目であること

降給となるような評価項目は基本的に認められません。
②新制度の実施日の前月における2「毎月決まって支払われる賃金」のモデル賃金額に当該年齢の在籍者の数を乗じて求めた合計額に比べて、その1年後の同月における25歳から60歳までの各年齢のモデル賃金額に当該年齢の在籍者の数を乗じて求めた合計額が2％以上増加する見込みであること。
（9）新制度の実施日の前月とその3年後の同月を比較し、「毎月決まって支払われる賃金」の総額を2％以上増加させることについて労働組合又は労働者の過半数を代表するものと合意していること。
2　人事評価制度等の整備―実施
1の認定を受けた人事評価制度等整備計画に基づき、制度を新たに整備し、実際に正規労働者等に実施すること、評価、賃金反映の初回を終えて始めて制度導入助成を申請できます。
3　生産性の向上
　2の制度の実施日の翌日から起算して3年を経過する日において、「生産性要件」の6％アップを満たしていること。
4　賃金の増加
2の人事評価制度等の整備・実施の結果、人事評価制度の実施日の属する月の前月に支払われた「毎月決まって支払われる賃金」の額と、その3年後に支払われる「毎月決まって支払われる賃金」の額を比較した場合に、2％以上増加していること

5　離職率の低下目標の達成
人事評価制度等の実施日の翌日から1年を経過するまでの期間の離職率が、人事評価制度等整備計画を提出する前1年間の離職率よりも、下表に示す

対象事業所の人数規模に応じて設定する離職率の低下目標以上に低下させること

離職率の低下目標

対象事業所における雇用保険一般被保険者の人数区分規模	1～300人	301人以上
低下させる離職率ポイント	維持	1%ポイント以上

(3) 支給額

制度整備助成	50万円
目標達成助成	80万円

・基本スキームの1～2の人事評価、賃金向上のランニングを実施しないと制度整備助成は申請できません。

(4) 申請スケジュール

例) 人事評価制度等の整備をH30.10.1に行い、人事評価期間が12ヶ月間あり、当該人事評価制度等に基づく人事評価を反映させた賃金の支払いがH31.10.25である場合 (月末締め翌月25日払いの場合)

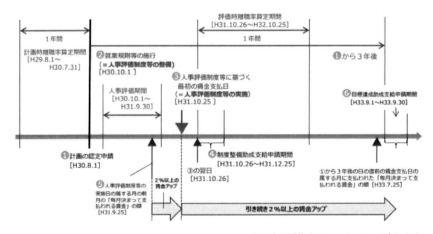

(厚生労働省ホームページより)

目標達成助成までは期間が長いので計数管理が必要になります。

(5)申請のポイント

　この施策は賃金向上を生産性向上をセットで実施させようという施策です。

・賃金ピッチの策定を考えると、既存に賃金テーブルの仕組みがない方が作りやすいと思います。

・悩ましいのは２％アップすると表記してしまえば助成金上は速いのですが通常は棒級表になっていますのでその刻みが２％に達しているかの検証が必要です。

様式第１号　参考様式２の賃金アップ計算書より

①人事評価制度の実施日の前月の賃金 平成○年○月分給与（平成○年○月○日支払）			②その１年後の賃金 平成○年○月分給与（平成○年○月○日支払）		
年齢	モデル賃金 （a）	在籍人数 （b）	年齢	モデル賃金 （c）	在籍人数 （d）
２４歳			２５歳		
２５際			２６歳		
５９歳			６０歳		

　（個人別に作成することも可能です）

・上の表において３年後に賃金の２％アップに加えて、生産性指標が６％伸びていないと目標達成の８０万は貰えません。

賃金については、制度実施初回評価で２％上げているはずですので、そこから３年間落としていないかと言う見方になります。この流れを見るとこれは明らかに消費税増税対策です。

第4部　厚生労働省助成金編

２－３．設備改善等支援助成金（平成３０年度実施の新設助成金）

　新設の助成金を紹介します。人材確保助成金の内、設備投資等支援コースです。

(1)概要

　事業主が雇用管理改善計画を定め、当該計画に係る設備投資により生産性を向上させ、雇用管理改善を実現した場合に助成を行う。なお、本コースは設備投資費用や企業規模等に応じて助成内容が異なります。

(2)制度内容

１　設備改善等支援コース＜Ａタイプ＞

※　雇用管理改善に資する175万円以上 I,000万円未満の設備投資を行った中小企業が対象

（１）「雇用管理改善計画」の開始から１年後に計画開始前と比べて、雇用管理の改善に関する目標を達成した場合に50万円が支給されます。

（２）「雇用管理改善計画」の開始から３年後に計画開始前と比べて、雇用管理改善に関する目標等及び生産性の向上を達成していた場合に 80 万円（上乗せ助成）が支給されます。

２　設備改善等支援コース＜Ｂタイプ＞

（１）計画達成助成（１回目）

　　・「雇用管理改善計画」の開始から１年後に計画開始前と比べて、生産性の向上及び雇用管理の改善に関する目標を達成した場合に一定額（※）を支給。

（２）計画達成助成（２回目）

　　・「雇用管理改善計画」の開始から２年後に計画開始前と比べて、生産性の向上及び雇用管理の改善に関する目標を達成した場合に一定額（※）を支給。

158

第15章　厚生労働省のメジャーな助成金解説

（3）目標達成時助成

「雇用管理改善計画」の開始から3年後（計画の終期）に計画開始前と比べて、当該計画に定められた生産性の向上及び雇用管理の改善に関する目標を達成していた場合、目標達成時助成として一定額（※）を支給。

※　設備投資額と計画目標の達成に応じて定額を助成。

・設備投資費用が240万円以上5,000万円未満の場合（中小企業の場合のみ）

　　(1) 50万円、(2) 50万円、(3) 80万円

・設備投資費用が5,000万円以上1億円未満の場合

　　(1) 50万円、(2) 75万円、(3) 100万円

・設備投資費用が1億円以上の場合

　　(1) 100万円、(2) 150万円、(3) 200万円

目標達成助成の基準

（単位：万円）

			1年後	2年後	3年後
Aタイプ	離職率目標		☑		☑
	生産性目標				☑6%
設備額	175万以上1,000万未満	支給額	50		80

			1年後	2年後	3年後
Bタイプ	離職率目標		☑	☑	☑
	生産性目標		☑2%	☑4%	☑6%
設備額	240万以上5,000万未満	支給額	50	50	80
	5,000万以上1億未満		50	75	100
	1億以上		100	150	200

☑が要達成条件項目

離職率の低下目標とは

人事評価制度等の実施日の翌日から1年を経過するまでの期間の離職率が、人事評価制度等整備計画を提出する前1年間の離職率よりも、次頁の表に示す対象事業所の人数規模に応じて設定する離職率の低下目標以上に低下させることが必要です。

159

第4部　厚生労働省助成金編

対象事業所における雇用保険 一般被保険者の人数区分規模	1～300人	301人以上
低下させる離職率ポイント	維持	1％ポイント以上

(3)申請のポイント

　まず全業種に対応できる助成金ですが、これは主に流通系の非製造業を想定している施策であるということです。

分かりやすく言うとサービス業向けに残業抑制のために役に立つ設備があればどんどん投資していきなさい、ということです。

マンパワーで対応していては付加価値の低い仕事の部分を設備システムに置き換えるということです。流通に関する事業に従事している方はこれを機会にぜひ業務フロー全体の見直しを図ってみてください。

しかしこの助成金根本的な問題があります。

設備投資の助成と考えるとあまりに不確定要素が多く、巨額な設備は避けるべきと判断します。

　表を見ていただければ一目瞭然のように離職率低下目標と生産性向上要件の目標の両方をにらみながら経営を進めていかなければならないということが分かります。達成しなければ0です。

そのような覚悟を持てる事業所のみがトライすべきです。

ここでの設備投資の意味合いは生産性向上につながる投資であるということです。マンパワーの工数がかかっている業務を設備投資によりシステム化できないかという視点でとらえるべきです。

ここまでが事業所へのアドバイスでこれ以降は制度への提言となります。

この表を見ていただいて生産性要件の指標の方は経営戦略によって上澄みの努力ができる指標です。離職率低減目標の方は経営努力によってどうに

かなる指標ではありません。

昨今の労働市場の状況ではギャンブル的要素が強くなり過ぎます。それは現在の離職は労働者個人の事情によるところが多いからです。

それ程の労働力不足であり事業主側は一旦採用スタッフにはやめてほしくないというのが本音のところなのです。

よってこのような指標を助成金支給の要件にすべきではないというのが多くの人の意見です。このような指標による条件で離職率低下を戦略的に誘導できるのは一定規模以上の中堅企業以上であり、軒数として最も多い小規模企業のゾーンでは非統制要因となります。

これが例えば雇用管理制度導入の助成金の条件ならばまだ、福利厚生的な制度を入れたから離職率低減に寄与するというロジックはかろうじて成り立ちます。しかし今回の設備改善投資が離職の防止につながるというのは明らかに論理の飛躍があります。

つまるところ今回の設備改善等支援助成金の仕組みは国の施策誘導により中小企業事業主に設備投資ギャンブルをさせているという構図に他なりません。

いや、まさにこの助成金に取り組む中小企業事業主はギャンブルだと割り切ってやっています。

国会で熱心にカジノ法案について時間をかけた論議がなされている中でこのような設備投資ギャンブルを制度として国が中小企業事業主にさせている現状はおかしくはないでしょうか?

ここではシンプルに制度の見直しを求めます、という形でまとめておきます。

第4部　厚生労働省助成金編

3．時間外労働等改善助成金　　勤務間インターバル導入コース

(1)制度主旨

　本助成金でいう「勤務間インターバル」とは、休息時間数を問わず、就業規則等において「終業から次の始業までの休息時間を確保することを定めているもの」を指します。

(2)助成の条件

・労働者災害補償保険の加入事業所であること

・次のアからウのいずれかに該当する事業場を有する事業主であること

　ア　勤務間インターバルを導入していない事業場

　イ　既に休息時間数が9時間以上の勤務間インターバルを導入している事業場であって、対象となる労働者が当該事業場に所属する労働者の半数以下である事業場

　ウ　既に休息時間数が9時間未満の勤務間インターバルを導入している事業場

(3)支出の内容

・労務管理担当者に対する研修、労働者に対する研修、周知・啓発、外部専門家によるコンサルティング、就業規則・労使協定等の作成・変更に関する費用

・労務管理用ソフトウェア、労務管理用機器、その他の勤務間インターバル導入のための機器等の導入・更新に関する費用

＊）この場合の機器とは時間管理に関する設備（ツール）の導入しか認められませんでした。

今年度改正で、労働能率の増進に資する設備・機器等の導入・更新が追加されています。

（4）助成額

	「制度導入」に該当する取組がある場合	「制度導入」に該当する取組がなく、「適用範囲の拡大」又は「時間延長」に該当する取組がある場合
9時間以上10時間未満	40万	20万
11時間以上	50万	25万

かかった費用の4分の3以下です。

（5）申請のポイント

・事業予算は平成28年補正予算34百万円、平成29年度約4億となっています。いわゆるモデル事業でしたが政府は事業所の比率として10％はこの協約を結んでいる事業所とするとはっぴょうしました。

・パート契約者で1名も、残業なし契約を結んでいる事業所は既にインターバル制度があるとみなされ、表で行くと右側の半額適用になります。

・御社が、もとから戦略的にインターバル制度に取り組む予定であったならば本助成金にも取り組むべきです。

・時間管理のコンサルティグを多く経験してきましたが、中小企業にとって長時間労働は百害あって一利なしであり、定められた時間で密度濃く働いた方が効率は良いに決まっています。

基本的に明日の段取りをして、早く帰宅する方がよほど効率は上がります。会社を時間外に稼働させていることによるコストも考えるべきです。

第4部　厚生労働省助成金編

４－１．人材開発支援助成金　各種訓練コース

(1) 制度主旨

　主旨は正社員化に向けての業務知識の教育で、まさにキャリア教育の民間委託の部分です。

制度の捉え方は

・まず、教育中の受講者１人につき賃金補填があります。（実施補填と言われる時もあります）

これは教育中に働いていたと仮定しても、生産性はその程度だと思われますので妥当な額と思われます。ＯＪＴ時間中にも支給されるのがメリットです。

次に研修導入の助成として一般職業訓練と有期実習訓練で１０万～３０万円、中長期キャリア研修で１５万から５０万円の一時金が出ます。（１６８Ｐ参照）

これは、研修を派遣あるいは、外注した場合には費用がかかると理解してください。

全ては計画通りこなしての後払いで、実態に虚偽があった場合には支給されませんので注意してください。

支給対象となる訓練	対象	助成内容（対象訓練）	OFF－JT 経費助成	OJT 賃金助成	生産性向上要件 OFF－JT 経費助成	生産性向上要件 OJT 賃金助成
特定訓練 コース	中小企業以外 中小企業 事業主団体	・労働生産性の向上に係る訓練 ・雇用型訓練 ・若年労働者への訓練 ・技能承継等の訓練 ・グローバル人材育成の訓練	45%	665円／時間・人	60%	840円／時間・人
一般訓練 コース	中小企業 事業主団体	他の訓練コース以外の訓練	30%	380円／時間・人	45%	480円／時間・人
特別育成訓練コース	中小企業	・一般職業訓練 ・有期実習型訓練 ・中小企業等担い手育成訓練	実費	760円／時間・人	実費	960円／時間・人

164

第１５章　厚生労働省のメジャーな助成金解説

(2)コース解説

1)訓練のタイプによる分け方
a)雇用型訓練
本助成金特定訓練コースの特定分野認定実習併用職業訓練、認定実習併用
職業訓練及び中高年齢者雇用型訓練の総称
b)認定職業訓練
　職業能力開発促進法第24条に基づき、都道府県知事が厚生労働省令で定
める訓練基準に適合するものであることを認定した職業訓練
c)実習併用職業訓練
　職業能力開発促進法第10条の2に規定された教育訓練機関等で実施され
る Off－JT と事業所で実施する OJT を効果的に組み合わせて実施する訓
練

2)訓練内容による分け方とコース内容解説
①特定訓練コース
・労働生産性の向上に資する訓練、若年者に対する訓練など、OJT と Off-JT
を組み合わせた訓練等、効果が高い訓練について助成です。今の時勢に合
わせたテーマになっています。

a)労働生産性向上訓練
・労働生産性の向上に資する訓練を実施
・雇用保険の被保険者
・Off-JT で実施されるもの。１０時間以上であること。
・研修実施を認められた機関での実施

b)若年人材育成訓練
・若年労働者に対する訓練

165

第４部　厚生労働省助成金編

・雇用保険の被保険者（雇用契約５年未満、かつ、３５歳未満）
・Off-JT で実施されるもの。１０時間以上であること。
・基幹人材として必要な技能・知識を順次習得させる訓練

c)熟練技能育成・承継訓練
・熟練技能者の指導力強化や技能承継のための訓練
・認定職業訓練
・雇用保険の被保険者
・Off-JT で実施されるもの。１０時間以上であること。

d)グローバル人材育成訓練
・海外関連の業務に従事する従業員に対して訓練
・雇用保険の被保険者
・Off－JT により実施される訓練であること
・１０時間以上であること
（海外の大学院、大学、教育訓練施設等で実施する訓練は 30 時間以上）
・海外関連の業務を行っている（計画を含む）事業主が、労働者に対して
実施する海外関連の業務に関連する訓練であること
※日本の訓練機関が単に海外で施設を借りて実施するものは原則、対象外
・実施訓練例　語学力・コミュニケーション能力向上のための講座等の受講、
　国際法務、国際契約、海外マーケティング、地域事情に関する講座等

e)分野認定実習併用職業訓練
・建設業、製造業、情報通信業に関する認定実習併用職業訓練
・15 歳以上 45 歳未満の労働者であって、雇用保険の被保険者
・OJT と教育訓練機関で行われる Off－JT を効果的に組み合わせて実施す
る訓練であること
・６か月以上２年以下であること、１年当たりの時間数に換算して 850 時

間以上であること
・OJT の割合が２割以上８割以下であること
・ジョブ・カード連携コース（１７２Pで解説）

f)実習併用職業訓練
・OJT 付き訓練で、厚生労働大臣の認定を受けた「実習併用職業訓練（実践型人材養成システム）」を実施する場合に助成が受けられる訓練メニュー
・厚生労働大臣の認定を受けた「実習併用職業訓練（実践型人材養成システム）」を実施する場合に助成が受けられる訓練メニュー
・15 歳以上 45 歳未満の労働者であって雇用保険の被保険者
・企業内における OJT と教育訓練機関で行われる Off－JT を効果的に組み合わせ
・実施期間が６か月以上２年以下であること
・総訓練時間が１年当たりの時間数に換算して 850 時間以上
・総訓練時間に占める OJT の割合が２割以上８割以下
・ジョブ・カード連携コース

g)中高年齢者雇用型訓練
・中高年齢新規雇用者等を対象とした OJT 付き訓練
・企業内における OJT と教育訓練機関や事業主が主催して行う Off－JT を効果的に組み合わせ
・３か月以上６ヶ月以下であること
・総訓練時間が６ヶ月当たりの時間数に換算して 425 時間以上であること
・総訓練時間に占める OJT の割合が１割以上９割以下であること。
・ジョブ・カード連携コース（１７２Pで解説）

②一般訓練コース
テーマとして、上記の特定訓練コース以外の訓練という位置付けになりま

第4部　厚生労働省助成金編

す。

・Off－JT により実施される訓練

・実訓練時間が２０時間以上

・セルフドック連携コース（１７３Ｐで解説）

③特別育成訓練コース

訓練の対象となる労働者に対し、正規雇用労働者等に転換、又は処遇を改善することを目指して実施するもので、一般職業訓練（育児休業中訓練、中長期的キャリア形成訓練含む)、有期実習型訓練、中小企業等担い手育成訓練のいずれかの訓練です。

研修費用の助成は以下の通りです。

	一般・有期実習型 育児休業中訓練	中長期キャリア形成訓練
100時間未満	10万円	15万円
100時間以上 200時間未満	20万円	30万円
200時間以上	30万円	50万円

<u>これらは該当訓練者が正社員化して始めて支給されるように改訂がありました。</u>

a)一般職業訓練

・Off-JT であって、次のすべてに該当する職業訓練

(1) １コース当たり１年以内の実施期間であること

(2) １コース当たり 20 時間以上の訓練時間数であること

(3) 通信制の職業訓練（スクーリングがあるものを除く）でないこと

第15章　厚生労働省のメジャーな助成金解説

a)-1　育児休業中訓練の場合

・一般職業訓練として、労働者の自発的な申し出により育児休業期間中に実施する

職業訓練を行う場合には、以下の点について一般職業訓練と要件が異なります。

・このコースは、通信制も対象です。

a)-2　中長期的キャリア形成訓練の場合

・一般職業訓練として、雇用保険法施行規則（昭和50年労働省令第3号）第101条の2の7第2号に基づき中長期的なキャリア形成に資する専門的かつ実践的な教育訓練として厚生労働大臣が指定する専門実践教育訓練に該当する職業訓練である場合には、以下の点について一般職業訓練の要件と異なります。

・このコースは、通信制も対象です。

b)有期実習型訓練

・正社員経験が少ない非正規雇用の労働者を対象に、正規雇用労働者等への転換を目指し、Off-JTと適格な指導者の指導の下で行うOJTを組み合わせて実施する職業訓練（管轄労働局長が訓練基準に適合する旨の確認を行った職業訓練）

・企業でのOJTと教育訓練機関などで行われるOff-JTを効果的に組み合わせて実施する訓練であること

・実施期間が3か月以上6か月以下であること

・総訓練時間が6か月当たりの時間数に換算して425時間以上であること

・総訓練時間に占めるOJTの割合が1割以上9割以下であること

・このコースはカリキュラム作成が必要になります。（176Pで解説）

・ジョブ・カード連携コース（172Pで解説）

169

第4部　厚生労働省助成金編

c)中小企業等担い手育成訓練

・正社員経験が少ない非正規雇用の労働者を対象に、専門的な知識及び技能を有する支援団体と事業主とが共同して作成する訓練実施計画に基づき、正規雇用労働者等への転換を目指す Off-JT と適格な指導者の指導の下で行う OJT を組み合わせて実施する職業訓練（厚生労働省が指定する業界団体と共同作成し、管轄労働局長が訓練基準に適合する旨の確認を行った職業訓練）

・訓練基準に適合する訓練カリキュラムを作成

・企業での OJT と支援団体で行われる Off-JT を効果的に組み合わせて実施する訓練であること

・実施期間が３年以下

・総訓練時間に占める OJT の割合が１割以上９割以下

(3)計画から申請までの流れ

① 都道府県労働局へ訓練計画の提出

・自社における訓練計画の作成

・訓練開始日から起算して１か月前までに「訓練実施計画届（訓練様式第１号）または訓練実施計画届（団体様式第１号）」と必要な書類の各都道府県労働局への提出が必須となります。また、申請手続きは雇用保険適用事業所単位となります。

・職業能力開発推進者の選任

・事業内職業能力開発計画の策定

② 訓練の実施

・内部・外部講師によって行われる訓練、教育訓練施設で実施される訓練等

③ 都道府県労働局へ支給申請書の提出

・訓練終了日の翌日から起算して２か月以内に「支給申請書（訓練様式第５号」と、必要な書類を労働局に提出

第15章　厚生労働省のメジャーな助成金解説

④ 助成金の受給

支給審査の上、支給・不支給を決定（審査には時間を要します）

(4)申請時の注意点

①教育側の視点

　まずは教える側を社内体制で行くのか外部派遣するのかの洗濯があることをわかってください。外部に派遣する場合は当然費用がかかります。

　社内教育体制で行う場合は教育期間中に事業の方がそれで回るのかの検討が必要です。

　例えば有期実習訓練（社内訓練型）の場合は、教育訓練される労働者以外に常勤正社員が原則として１名以上いないと計画は認定されません。また、講師になる人の履歴がそれに耐えられるものかも審査されます。

②受講側の視点

　基本的にはこの教育訓練で、正社員として雇用される人に育てていこうという思想ですので正規社員ということが前提になりますがコースによってそれは違いますので確認してください。

③コースと助成率

　１６４Ｐの表で明らかなように国誘導したい施策に近い教育内容ほど助成率が高くなっています。

　ここでとにかく助成率の高い講座を当てはめるという発想は間違っています。先に企業戦略を決めてどのような教育が必要かというところからスタートしてください。

　国の求める産業ビジョンが正しいという前提が成立するならばこの国がこのような借金体制にはなっていないでしょう。あくまでキャリア教育なのです。

④研修内容

・スカイプ受講は基本的に不可です。

・受講生が退職した場合には、退職日の前日までは、申請可能です。

171

第4部　厚生労働省助成金編

・有期実習訓練　訓練生以外1名常勤が条件、そこで、その常勤の方が退職した場合は隙間なく補充した場合は申請可能、あるいは、訓練を外注に変更すれば、支給申請可能です。訓練が早めに終わった場合は早めの請求可能ですが、提出資料は規程通り期間分が必要です。
・事業内職業能力開発計画を作成しないといけません。
提出物には入っていないケースもありますが必要なものです。

(5)知っておくべき基礎知識
①ジョブカードとの関係性
ジョブカード連携と書いたコースは以下の書式の提出が必要になるケースがあります。
具体的にはカリキュラム作成した際にジョブカードセンターのジョブカードアドバイザーに労働者のキャリアにとって適正かの助言を貰うことになります。
ジョブカード様式は主に労働者サイドが主体となって記載するものです。これを企業研修などとリンクさせて労働者のキャリア形成の一助として行こうと言うもので、助成金の新理論で本来ハローワークが行うべき事業の民間委託化が始まっていると言ったところです。
書式には以下のものがあります。

様式1-1　キャリアプランシート
様式2　　　職務経歴シート
様式3-1　職業能力証明（免許・資格）シート
様式3-2　職業能力証明（学習歴・訓練歴）シート

様式3-3-1-1：職業能力評価　企業実習・OJT用

このキャリアを生かしてこのような研修・評価をするという流れ

第15章　厚生労働省のメジャーな助成金解説

②セルフ・ドック制度との関係性

これに加えてセルフドック制度というものがあります。ジョブカードを
ベースにキャリア開発を行うのは同様ですが、キャリアのコンサルティン
グに多少重心が移り、キャリアコンサルタントにコンサルティングを行っ
て貰います。

一般訓練コースでは、セルフ・ドック連携コースとなっていますので、<u>セ
ルフドック計画書の提出が必要</u>となり、キャリアコンサルティングをうけ
る刻み年次を決める必要があります。

③職業能力開発計画など

この一連の資料は提出のあるなしに関わらず、この人材開発助成金を計画
する場合は策定が必要になります。

これが、その会社の教育開発の基本になるところです。

規定というより、その内容になります。

流れとして

・職業能力開発推進者を決める

・職業能力開発計画を策定する

・職業能力体系図を策定する

・教育訓練体系図を策定する

となります。

次項で、教育訓練休暇付与コースを説明しますが、休暇を取って学びに行
く研修は事業主が事業を進めて行く上で必要と認めるものとなりますが、
都度、審議するのではなく、事前にその業務で能力開発に資する学習項目
は先に決めておくべきなのです。

十分に検討して、その会社の個性を織り込んだ、ツールとすべきです。

173

第4部　厚生労働省助成金編

④職業能力体系関係

1) 事業内職業能力開発計画

事業内職業能力開発計画　事例

事業内職業能力開発計画（個票1）

経営理念・経営方針に基づく人材育成の基本的方針・目標

○経営理念

　当社は、溶接技術の向上と研鑽を通じて、お客様の製品製造に貢献し、地域の枠にとらわれないグローバルな事業展開を目指します。

○経営方針

・品質向上を図ります。

・納期優先で製品製造をします。

・お客様一人一人を大切にします。

○人材育成の基本方針

それぞれの個性を生かして教育訓練を計画し、従業員のキャリア形成が構築できるよう考え、ひとりひとりが職業人として自己研鑽が図れるような体制を整える。

○目標

　ひとりひとりが目標を立て、その目標達成に自主的に考え行動できるように活動を行っていく。

事業内職業能力開発計画（個票2）

昇進昇格、人事考課などに関する事項

・就業規則で定める職業能力評価制度などを活用して効果的に行う。

・責任者の管理のもと、計画的・継続的に実施する。

・評価については、客観的・公平に実施する。

第１５章　厚生労働省のメジャーな助成金解説

> 事業内職業能力開発計画（個票３）
> 職務に必要な職業能力に関する事項
> ○各層の職務に必要な職業能力は以下のとおり
> 職業能力体系図のとおり。

2) 事業内職業能力開発推進者

事業所内でこの推進の責任者を決めます。

以下のサイトを参照してください。

http://www.career.javada.or.jp/id/career/contents/code/3-1

3) 職業能力体系図

職業能力開発の体系図を例示します。製造業のパターンです。

これは、会社の業務内容と従業員区分を規定して従事する仕事の内容を決めるものですので重要です。

制度導入様式第4号(H29.4)

職業能力体系図

（ 1枚中　1枚目 ）

職種	職務	労働者区分					
		スタッフ		チーフ		マネージャー	
総務	総務	A1	電話対応	B1	事務処理	C1	社内管理
事務	経理	A2	経理基礎	B2	経理	C2	経理管理
営業	営業	A3	営業補助	B3	営業	C3	営業統括
	発注実務	A4	発注補助	B4	発注事務	C4	発注管理

4) 教育訓練体系図

各層に学ぶべき項目を決めます。

職業能力体系図の職務に基づき開発すべき能力を伸ばすために何を学ばねばならないかを策定します。

第4部　厚生労働省助成金編

区分	階層別教育	職能別教育		自己啓発
		施工・営業		
新入若手社員層	新入社員研修	ビジネスマナー研修 PC操作研修 経理簿記研修 スキル向上研修初級	工事関連資格	目標管理研修
中堅社員層	中堅社員研修	スキル中級研修 指導力養成研修 管理者基礎研修	施工責任者資格	
管理者層	管理者研修	管理者養成研修 人事評価制度研修		

⑤カリキュラム作成

　有期実習訓練の事例を示しますが、これは自社の業務を洗い直し今後の成長方向も決めた上で真剣に検討しないと行けません。自社内対応の場合には、実際の時間数を想定して、本当に教えられるのかのシミュレーションが必要です。（事例は有期実習型訓練の４２５時間コース）

第１５章　厚生労働省のメジャーな助成金解説

様式第３－２号（別添様式１）（H29.4改正）

有期実習型訓練に係る訓練カリキュラム

訓練コース名			設計積算習得				
	職務名又は教科名		職務又は教科の内容	時間			
有期実習型訓練の内容	実習（ＯＪＴ）	基本	設計議事録作成及び設計補助	40	㈱＊＊＊＊	設計部長＊＊＊＊	
		設計	機器配置及び配管配線計画	70			
			CAD入力	90			
		積算	拾い出し集計	85			
			単価金入れ	40			
			OJT計　325　時間				
	ＯＦＦ・ＪＴ（座学等）	学習（学科（講義））	基礎	設備概論	10	㈱＊＊＊＊	代表取締役＊＊＊＊
				計画と設計	15		
				関係法令	20		
		実技（演習）	設計	機器配置	10		
				CAD操作	20		
			積算	拾い出し集計	10		
				単価金入れ	15		
			Off-JT計　100　時間				
			有期実習型訓練合計　425　時間				

> OFF-JT 講師はキャリア票提出が要ります

対象者氏名：

上記訓練カリキュラムに基づきキャリアコンサルティングを実施しました。

キャリアコンサルティング実施日：　　　年　　月　　日
ジョブ・カード作成アドバイザー氏名：
登録番号：

> ここにジョブカードアドバイザーのサインを貰う

＊）この表を月別時間割にした書式がもう一枚、あります。

(6) 申請のポイント

　この助成金は社内研修の場合はカリキュラムを考えることに、派遣研修は派遣中の人繰りに労力がかかります。

よってある程度、継続的に採用していくと言う前提がなければペイしません。

また、職種が技術的である程、有効なことは想像がつくでしょう。

技術系業種は今後、このような教育を実施していくべきで、実施していない事業所との差は歴然としてくると思われます。

177

第4部　厚生労働省助成金編

４－２．人材開発支援助成金　教育訓練休暇付与コース

(1)制度主旨

　労働者の職業生活設計の全期間を通じて段階的かつ体系的な職業能力開発を促進するため、雇用する労働者に対して職務に関連した専門的な知識および技能の習得をさせるための職業訓練などを計画に沿って実施した場合や人材開発制度を導入し、訓練経費や訓練期間中の賃金の一部等を助成する制度です。

(2)制度導入コース解説

人材開発支援制度導入コース

・教育訓練休暇等制度・・・有給・無給どちらも可能で、自主的に研修を見つけてくる制度ですが、会社は誘導すべきです。

ここで、大切となるのが次の表です。

雇用する被保険者数	最低適用被保険者数
100人以上	5人
100人未満	1人

教育訓練休暇制度の最低必要日数が最低規模で、５日間消化しないと申請できない形に変わりました。平成３０年改訂で３年間でという期間が設けられました。また３年間の適用期間で毎年度１人以上当該休暇の取得が必要です。

(3)助成金額

　計画を出して、実際にコースを導入し、実行して、１制度につき、３０万です。生産性向上要件クリアーでプレミア（３６万）がつきます。

(4)申請スケジュール

以下の流れになります。

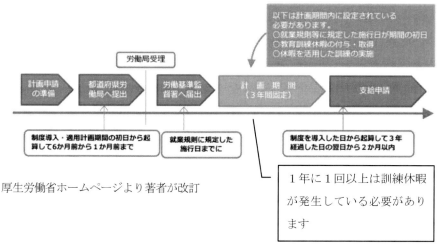

厚生労働省ホームページより著者が改訂

①申請書の提出
・制度導入の計画書も同時提出です
②制度導入の実施
・費用の要るものは領収書など保管します。
・適用した人の出勤簿、賃金台帳など整備します。
③就業規則の改訂
・これは計画認定で直ぐ労働者周知して、制度導入期間初日に合わせて就業規則改訂する必要があります。
④申請期間
・3年間の期間終了後、2カ月以内に支給申請
⑤助成金の支給
・最近、④の支給申請からの期間が長くなっています。

第4部　厚生労働省助成金編

(5)申請時必要書類

教育訓練休暇付与コース

□人材開発支援助成金　制度導入・適用計画届（訓練休暇様式第1号）

□　中小企業事業主であることを確認できる書類

・ 企業の資本の額または出資の総額により中小企業事業主に該当する場合

登記事項証明書、資本の額または出資の総額を記載した書類などの写し

・ 企業全体の常時使用する労働者の数により中小企業事業主に該当する場合

事業所確認票（制度導入様式第3号）

□　主たる事業所と従たる事業所を確認できる公的書類など

登記事項証明書などの写し

□　事業所確認票（制度導入様式第3号）

□　就業規則または労働協約（制度を規定する前のものの写しおよび制度を規定した後の案）

□　企業全体の雇用する被保険者数が確認できる書類（雇用契約書（写）等）

□　教育訓練休暇等実施計画書（制度導入様式第6号）

□事業所確認票（訓練休暇様式第3号）

□　その他労働局長が求める書類

実施後に支給申請する時は実際に行ったことを示す実証資料と実施対象労働者の出勤簿・賃金台帳などの確認資料になります。

そして、この助成金の場合、一般的に就業規則改定案の提出が必要となります。（後述しています）

(6)就業規則との関係

この制度導入によって労働者側に不利になってはならないということを理解しておくべきです。

就業規則の規定例（有給教育訓練休暇制度を規定した場合）

○条 会社は、全ての労働者が自発的に教育訓練や各種検定、キャリアコンサルティングを受講する場合に教育訓練休暇を付与する。

2　教育訓練休暇は有給とし、3年間に10日を付与する。

3　教育訓練休暇を取得するために必要な教育訓練や検定、キャリアコンサルティングは労働者の職業能力の開発を目的としたものでなければならない。

4　教育訓練を受講する場合は社外の教育訓練機関を、各種検定の場合は社外の施設で策定された検定、キャリアコンサルティングは社外のキャリアコンサルティングにてそれぞれ受講するものとする。

無給にするのも可能です。有給無休の組み合わせも可能です。

(7)申請時の注意点

　これは、会社の教育訓練体系に基づいて自主学習したいものについての休暇制度です。マナー研修等は社会人としては一般的過ぎて支給申請の時に認められないことも考えられます。

自主的な制度としながらも会社側はどのような講座を受けに行ったら良いかの相談体制は組む必要があります。

(8)申請のポイント

　研修の選択は自主的にと言うところがポイントです。教育訓練休暇願の仕組みを作ることをお勧めします。

しかし、業種によっては探しにくい業種もありますので十分に事前に検討してください。実施期間のサジェッスションも必要です。

技術的業種や介護関係、教育関係等は労働者が個々に学びに行きたい研修を持っているようです。

第4部　厚生労働省助成金編

5．キャリアアップ助成金

(1)制度主旨

　基本スキームは職場定着支援助成金と似ています。

主に賃金向上の制度等を導入して、人材の定着化を図ろうと言うものですが、キャリップ助成金とはその名の通り、定着させる該当の労働者をはっきりさせて、キャリアアップも合わせて図ろうと言うものです。

(2)各コース解説

○正社員化コース

　どういう組織身分の労働者を、どうキャリアップを図るかで、助成額が違います。

当然、助成額の高い方が難易度も高くなります。

有期契約労働者等を正規雇用労働者に有期を無期に、無期の非正規を正規にした場合に助成（カッコ内は生産性指標要件クリアーの場合、大企業の場合は省略していますが、中小企業の７５％となります）

平成３０年度改定で

・転換又は直接雇用される前の期間が３年以下に限ること

・後掲の①③は５％の賃金アップが条件とされました。

・１社当たり最大20人までとされました。（これのみ緩和措置）

前者は、無期転換ルールが実施され、法律的に無期転換しなくてはならないこともありますが、有期契約を繰り返している人は実質的には正規社員であり、助成金による誘導措置は要らないと判断されたのでしょう。

後者も、同じ理由で、もともと、正規か非正規かが労使の間で明確ではない労働者を雇用条件通知書上、雇用の期限なしにするだけで助成金の条件に該当するのはおかしいという論議の上に条件付けされたものと思われます。

　①　有期→　正規：１人当たり57万円（72万円）

182

② 有期→ 無期：1人当たり28.5万円（36万円）

③ 無期→ 正規：1人当たり28.5万円（36万円）

ここで、派遣社員から直接雇用をすれば、①③の場合、28.5万円（36万円）加算です。定年後は基本的に申請できません。

無期から有期の転換は有期転換法律できたので有期実績は4年未満でないと不可となります。

施設関係で就労A型の場合、障がい者の場合、賃金と言う概念からずれるので不可です。スタッフは雇用関係なので申請可能です。

無期から正規、転換前無期の条件が正規といかに違う（劣るのか）の証明必要あり、要するに呼称を変えただけでは不可です。

有期実績の条件は間があいても通算となりますが、あまりにあく場合は理由書必要です。

派遣の正規、無期適用は、申請時に一番直近の派遣が転換しないと不可になります。

○処遇改善コース

・有期契約労働者等に次のいずれかの取組を実施した場合に助成

① 賃金テーブル改定

・すべての有期契約労働者等の賃金テーブル等を増額改定した場合

対象労働者数が1人〜3人：9.5万円（12万円）　4人〜6人：19万円（24万円）7人〜10人：28.5万円（36万円）　11人〜100人：1人当たり2.85万円（3.6万円）

・一部の賃金テーブル等を増額改定した場合（2％以上の賃金アップが必要）対象労働者数が1人〜3人：47,500円（6万円）　4人〜6人：9.5万円（12万円）7人〜10人：142,500円（18万円）　11人〜100人：1人当たり14,250円（18,000万円）

第4部　厚生労働省助成金編

※ 職務評価の手法の活用により処遇改善を実施した場合1事業所当たり
19万円（24万円）を加算
ここで、アドバイスです。
・賃金テーブルを上げるなら職務評価は同時に導入すべきです。
・職務評価の手法は以下の4つとされていますが、簡単な評価法から a)単
純評価法→b)分類法→c)要素比較法→d)要素別点数法の順になります。こ
れは、評価スキームを作る時の難易度です。逆に作ってしまえば評価時の
難易度は逆になります。

a) 単純評価法→社内の職務を1対1で比較し、職務の大きさが同じか、異
なるのかを評価する方法。
b) 分類法→社内で基準となる職務を選び、詳細な職務分析を行い、それを
基に「職務レベル定義書」を作り、職務全体として、最も合致する定義は
とのレベルかを判断することにより、職務の大きさを評価する方法。
c) 要素比較法→あらかじめ定めておいた職務の構成要素ごとに、レベルの
内容を定義。そして、職務を要系に分解し、その要素ごとに、最もき致す
る定義はどのレベルかを判断することにより、職務の大きさを測る方法。
d) 要素別点数法→要系比較法と同じように、職務の大きさを、構成要素ご
とに測る方法。測った結果を、点数の違いで表す。要素ごとに、そのレベ
ルに応じた点数をつけ、その合計点て職務の大きさを測る方法。

○健康診断コース
・有期契約労働者等を対象とする「法定外の健康診断制度」を新たに規定
し、延べ4人以上実施した場合に助成
1事業所当たり38万円（48万円）（1事業所当たり1回のみ）
→この処遇制度は、労働者にとって制度の飴と鞭の飴の部分となります。
この健康診断制度の設定が最も簡単ですが、労働者のマインド面でこの
コースで良いのかの検討は必要です。

費用負担は事業主、人間ドックだけ半額以上でも申請可能です。

健康診断コース　４人は延べ人数なので、１人が複数回受診での申請も可能です。

○賃金規定等共通化コース

・有期契約労働者等に関して正規雇用労働者と共通の職務等に応じた賃金テーブル等を作成し、適用した場合に助成

１事業所当たり 57 万円（72 万円）（１事業所当たり１回のみ）

平成３０年度改訂に置いて加算措置がなされました。

正規雇用労働者と共通の賃金規定等を適用した有期契約労働者等の人数に応じた加算措置を設ける。

正規社員の月給を時給換算して、有期雇用の時給をと比較した場合に

同じ等級では時給≧月給となっていること（同一労働同一賃金の流れ）。

対象労働者１人当たり　２万円〈2.4 万円〉（1.5 万円〈1.8 万円〉）

このコースは毎年リセットしますので、毎年２％ＵＰでの申請が可能可能です。

以前は、過去に賃金規定があり、そこからの２％ＵＰでしたが、平成２９改訂で規程作って３カ月運用すれば、そこからの賃金アップで良くなりました。改訂前の方が、最低賃金以下はもちろん不可になりまので既存の規定を最低賃金以上に上げてからになります。

○諸手当制度共通化コース（平成２９年新設）

・有期契約労働者等と正社員との共通の諸手当制度を新たに規定・適用した場合

１事業所当たり 38 万円（48 万円）

平成３０年度改訂に置いて加算措置がなされました。

第4部　厚生労働省助成金編

① 正規雇用労働者と共通の諸手当制度を適用した有期契約労働者等の人数に応じた加算措置を設ける。
対象労働者1人当たり　1.5万円〈1.8万円〉（1.2万円〈1.4万円〉）
② 同時に2つ以上の諸手当を導入した場合に、2つ目以降の手当の数に応じた加算措置を設ける。
2つ目以降の手当1つにつき　16万円〈19.2万円〉（12万円〈14.4万円〉）
・賞与は6カ月相当分として、5万円以上、手当て類は1カ月相当分として3，000円以上です。
・非正規のみについている手当てを正規に適応するという逆コースは不可です。
・時間外勤務手当適応は法定通りでは不可で、25％超過で支払うことになります。
・その法定割増の5％以上加算が条件です。

○選択的適用拡大導入時処遇改善コース（平成29年新設）
・選択的適用拡大の導入に伴い、社会保険適用となる有期契約労働者等の賃金の引上げを実施した場合
基本給の増額割合に応じて、1人当たり
3％以上5％未満　：19,000円（24,000円）
5％以上7％未満　：38,000円（48,000円）
7％以上10％未満　：47,500円（60,000円）
10％以上14％未満：76,000円（96,000円）
14％以上　　　　：95,000円（12万円）

○短時間労働者の労働時間延長コース
・労働者の週所定労働時間を、25時間未満から30時間以上に延長し、社会保険を適
用した場合に助成

第15章　厚生労働省のメジャーな助成金解説

1人当たり19万円（24万円）

※　上記「賃金規定等改定コース」又は「選択的適用拡大導入時処遇改善コース」と併せ、労働者の手取りが減少しない取組をした場合、1時間以上5時間未満延長でも助成

1時間以上2時間未満：　38,000円（48,000円）

2時間以上3時間未満：　76,000円（96,000円）

3時間以上4時間未満：11万4,000円（14万4,000円）

4時間以上5時間未満：15万2,000円（19万2,000円）

(3)申請スケジュール

以下の順になります。

①キャリアアップ計画の作成・提出（転換・直接雇用を実施する1日前までに提出）

②就業規則、労働協約またはこれに準じるものに転換制度を規定

③転換・直接雇用に際し、就業規則等の転換制度に規定した試験等を実施

④正規雇用等への転換・直接雇用の実施

⑤転換後6カ月間の給与を支給

⑥転換後6カ月目の賃金を支給した翌日から起算して2カ月以内に申請します。

支給の申請は、正社員化コースと、処遇改善コースのうち、<u>賃金アップが関係するコースは、6カ月分の賃金算定期間を締めてから2カ月以内に申請、健康診断が関するコースは該当者4人が受けてから2カ月以内に申請します。</u>

計画が認められてから実施に入ると言うのは補助金・助成金の通則です。実施期間が済んでから支給申請と言うのも同様です。

187

第4部　厚生労働省助成金編

キャリアップ助成金の場合にも、計画申請後の離職に配慮しなければなりません。

目標達成の支給申請はかなり先になりますので日付管理が重要です。

(4)受給申請時必要書類（有期から正社員の一般的な正社員化コースの場合です。限定社員等のケースは考慮しておりません）

① 支給要件確認申立書（共通要領様式第1号）

② 支払方法・受取人住所届

③管轄労働局長の確認を受けたキャリアップ計画書

④転換制度または直接雇用制度が規定されている労働協約または就業規則その他これに準ずるもの

⑤転換後または直接雇用後に対象労働者が適用されている労働協約または就業規則

⑥対象労働者の転換前または直接雇用前および転換後または直接雇用後の雇用契約書又は労働条件通知書等

⑦対象労働者の労働基準法第108条に定める賃金台帳または船員法第58条の2に定める報酬支払簿、賃金5％以上増額に係る計算書

⑧正規雇用労働者（多様な正社員を除く。）に適用されている労働協約または就業規則

⑨転換日または直接雇用日に雇用されていた正規雇用労働者の雇用契約書等

⑩対象労働者の出勤簿、タイムカードまたは船員法第67条に定める記録簿等出勤状況が確認できる書類

⑪中小企業事業主である場合、中小企業事業主であることを確認できる書類

a　企業の資本の額または出資の総額により中小企業事業主に該当する場合

・　登記事項証明書、資本の額又は出資の総額を記載した書類等

188

b 企業全体の常時使用する労働者の数により中小企業事業主に該当する場合
・事業所確認票（様式第4号）
申請に関する基本的な書類を示しました。

ここで、助成金スキームからロジックで考える訓練をしてみましょう。
この助成金の場合、必要となるのは3種で
・申請書（この助成金は計画書と言います）
・現状の就業形態を証明する就業規則類
・キャリアアップする該当労働者とその労働実態を示す資料です。

処遇改善コースの賃金アップが絡むコースは就業規則あるいは、労働協約にその旨条文が賃金テーブルを含めて入っていないといけません。健康診断制度も同様です。
支給申請時にはこの考えに加え何が要るでしょうか？離職率ルールがありますので、それ（離職者数）を立証する資料になります。
このように、所管側からの審査の時の要点は何かを考え見ると、頭に入りやすいと思います。

(5)キャリアアップ該当者の条件

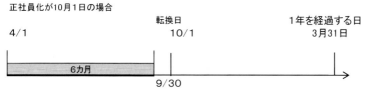

まず、助成金の対象となる労働者は、最低6カ月在籍したものです。
これは、深く考えれば分かります。この助成金制度があったためにキャリアアップ出来たという効果性が問題となるからです。

第4部　厚生労働省助成金編

また、最初から正社員化出来る能力の人を助成金を貰うためにあえて非正規・有期契約から契約することについて歯止めしている条件です（最長で３年までという条件も改訂で付加されました）。

(6)就業規則・労働協約への反映

　この制度導入によって労働者側に不利になってはならない。ということがベースですので先に理解しておくべきです。

このキャリアップ助成金の場合は、正社員への転換制度を計画書が採択されてから就業規則に織り込みます（厚生労働省のキャリアアップ助成金のご案内という解説書を参考にしてください）。

パートからの昇格ならパート就業規則の方に書かねばならないと言うことで、なければ、原則作成しなくてはなりません。意見書は従業員全体から貰います。

正規社員への転換の事例は次の通りです。

第〇条（正規雇用への転換）
勤続〇年以上の者又は有期実習型訓練修了者で、本人が希望する場合は、正規雇用に転換させることがある。
２　転換時期は、毎年原則４月１日とする。
３　所属長の推薦がある者に対し、面接及び筆記試験を実施し、合格した場合について転換することとする。

中途入社が多く、有期期限ばらばらの場合、毎月１日などと必要があります。「有期社員の有期期間終了日の翌日」とする方法もあります。

(7)運用のポイント

　このキャリアップの運用については事前検討事項が多くあります。

結論を言えば会社がうまく労務管理が回るのかということです。

190

第１５章　厚生労働省のメジャーな助成金解説

これを読んでいる人のほとんどは、正社員、パート、派遣社員などが混然一体となった職場を経験して、それなりに役割分化しながら、チームワークを発揮しながら進んでいる労働現場を経験しているでしょう。

これは日本では時代の趨勢として時間をかけてそうなってきたという背景があります。

この趨勢から見ますと逆行することになりますので運用上は相当に注意してください。具体的に課題を述べます。

・ライフスタイルの選択肢として自ら非正規、パート、派遣社員と言う形を選んでいる労働者は３０％、約３人に１人はいます。

これらの人を全員、キャリアアップさせると言うのは無理があります。

　次に当社でモニター企業のこの助成金を適用をするならば、という仮定でアンケートしました。

正社員化できるのは良くて現状の非正規社員の３人に１人だろうなということです。後の２人は能力的に無理と言うことです。なぜ能力的に見てそうなるかを解説します。

これらの非正規は大きなウエイトは、結婚や出産・育児でいったんは家庭に入り、子供の成長とともに職場復帰した女子社員です。

これらの人達も若き日は上昇志向のある正規社員だったのかもしれません。いわゆるＭカーブという結婚・出産でいったん退職すると言う労働体系を我が国は築いてきました。そのツケを払う時代になってきました。それが、この能力ギャップです。

よって、キャリアアップを望む人すべてをというのは、無理があると思えます。

(8) 申請のポイント

　キャリアアップ助成金の場合は計画書と言い、基本的な計画を策定すると言う形になっています。

第4部　厚生労働省助成金編

キャリアアップ管理者を決めて、どのような施策（コース）で正社員化を
図っていくかが分かるような計画書となっています。
将来予測される処遇改善のコースには全て○を入れておかないと支給され
ません。

第１５章　厚生労働省のメジャーな助成金解説

６－１．両立支援等助成金

(1)制度主旨

この両立支援関係は、５通りの助成金コースの総称です。

①出生時両立支援コース助成金

②介護離職防止支援コース助成金

③育児休業等支援コース助成金

④再雇用者評価処遇コース助成金（平成２９年度改訂にて新設）

⑤女性活躍加速化コース助成金（このコースは別項で解説しています）

①②④⑤の４つは大企業も適用できます（支給額は低くなります）。

③の育児休業等支援コース助成金のみ中小企業事業主だけが申請できます。

これは①の出生時両立支援助成金が男性の休職を想定しているのに対して、

③育児休業等支援コース助成金は

・女性の休職を想定している。

・代替員の確保を想定している。

というところから大企業ではある程度整備されつつあると見ているのだと思います。(整備されていると言うことは誘導策としての助成措置は必要なしと見る訳です)

①出生時両立支援コース助成金

　男性労働者が育児休業を取りやすくすることを誘導するための助成金です。

【スキーム】

		中小企業	中小企業以外
①	1人目の育休取得	57万円〈72万〉	28. 5万円〈36万〉
②	2人目以降の育休取得	a)育休5日以上14. 25万円〈18万円〉 b)育休14日以上23. 75万円〈30万円〉 c)育休1カ月以上33. 25万円〈42万円〉	a)育休14日以上14. 25万円〈18万円〉 b)育休1カ月以上23. 75万円〈30万円〉 c)育休2カ月以上33. 25万円〈42万円〉
③	育児目的休暇の導入	28. 5万円〈36万〉	14. 25万円〈18万円〉

193

【申請スケジュール】

【ポイント】
申請リミットは、育児休業連続14日以上取得後、2カ月以内です。
この育児休業は、子の出産後、8週間以内（産後休暇中）に開始しないといけません。
この制度は男性が取得することに意味がある助成金ですので女性が産後の復帰を待たず申請できます。
③の育児目的休暇は、分割可能なものを導入して男性が中小企業5日、中所企業以外8日以上取得して初めて申請できます。
注意点は
・職場風土改善のための取り組み期間が必要です。具体的には研修などです。
・男性の育児休業取得の可能であることの周知期間を設けていないと支給されません。
・1年に10人まで支給されます。（平成30年改訂）

【申請書類】
「支給申請書」
イ 労働協約又は就業規則及び関連する労使協定
ロ 男性労働者が育児休業を取得しやすい職場風土作りの取組の内容を証明する書類及び取組を行った日付が分かる書類
ハ 対象育児休業取得者の育児休業申出書
ニ 対象育児休業取得者の育児休業期間の就労実績が確認できる書類

ホ 対象育児休業取得者の雇用契約期間の有無、育児休業期間の所定労働日が確認できる書類（例：労働条件通知書、就業規則、企業カレンダー等）
ヘ 対象育児休業取得者に育児休業に係る子がいることを確認できる書類及び当該子の出生日が確認できる書類（例：母子健康手帳の子の出生を証明する該当部分、健康保険証
ト 公表及び周知が義務付けられる前に一般事業主行動計画が策定されている事業主については、自社のホームページの画面を印刷した書類等一般事業主行動計画の公表及び労働者への周知を行っていることを明らかにする書類

次項以降の助成金については紙面の関係上、提出書類は省略しますが、内容的には次のものになります。申請書、従業員と取り決めした証拠の資料（労使協定など）、該当労働者に関する資料（育児休業だとは本人の申出書が必要です）、制度の普及に社内で取り組んだ資料（掲示・回覧書類、プラン含む）、最新の法律にあった育児休業規定・介護休業規定の4種類です。

②介護離職防止支援取組コース助成金
　これは助成金名通りの主旨です。
【スキーム】

	中小企業	中小企業以外
介護休業の利用	57万円 （72万円）	38万円 （48万円）
介護制度の利用	28.5万円 （36万円）	19万円 （24万円）

【申請スケジュール】

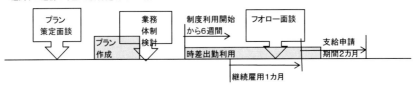

【ポイント】

制度は上の表の通りですが

・介護休業と介護制度の利用があり、介護制度は「所定外勤務の制限」「時差出勤」「深夜業の制限」「短時間勤務」の４パターンがあり、いずれも制度化の必要があります。

・介護支援プラン策定が必要です。

・フオロー面談が必要です。

・介護休業は原職復帰後、介護制度は<u>６週間以上</u>制度活用後、<u>継続雇用２週間以上</u>、２カ月以内申請です。（<u>アンダーライン部分が平成３０年度改訂の緩和措置</u>）

③育児休業等支援コース助成金

　この制度は中小企業を対象に、育児休業時に代替員確保するケースを支援しようという主旨です。

第15章　厚生労働省のメジャーな助成金解説

【フレームワーク】

育児休業時に、Ⅰ　育休取得時・職場復帰時を代替要員確保時に、代替員が用意できる場合は、Ⅱ　代替要員確保コースがあります。
本助成金は中小企業事業主しか申請できず、代替要員の確保が要件のところから減員のまま事業継続が難しい代替要員の確保のための資金的支援が本旨と思われます。

Ⅰ　育休取得時・職場復帰時

【スキーム】

育休取得時	28.5万円（36万円）
職場復帰時	28.5万円（36万円）
育休取得者の職場支援の取り組みをした場合	19万円（24万円） ＊「職場復帰時」に加算

【申請スケジュール】

（厚生労働省ホームページより）

【ポイント】

3カ月以上の育児休業を取得した該当者が現職復帰後、就労半年経過後、2カ月以内に申請します。
・事前の育児休業支援復帰プランの作成（後掲）
・業務の引き継ぎ復帰前

・復帰後の上司との面談が必須です。
現職復帰時に、職務内容、地位、事業所が同等でないと支給されません。
次のいずれかの制度を就業規則等に規定し、対象労働者が1か月以上の育児休業（産後休業を含む。）から復帰した後6か月以内に、以下の基準以上の利用実績（※）がある中小企業事業主（平成３０年度改訂）
・育児・介護休業法を上回る「Ａ：子の看護休暇制度」または「Ｂ：保育サービス費用補助制度」を導入していること。
・対象の育児休業取得者が1ヶ月以上の育児休業（産後休業を取得する場合は産後休業1ヶ月）から復帰した後6ヶ月以内において、導入した制度の一定の利用実績（Ａ：子の看護休暇制度は20時間以上の取得、Ｂ：保育サービス費用補助制度は3万円以上の補助）があること。

Ⅱ　代替要員確保時

【スキーム】

支給対象労働者1人当たり	47.5万（60万円）
支給対象労働者が有期契約の場合	9.5万円（12万円）加算

【申請スケジュール】

支給対象労働者とは期間契約者のことです。

【ポイント】
育児休業者が復帰できる旨、就業規則に明示します。
3カ月以上の育児休業を取得した上で、代替員を確保し、原職復帰後、6カ月継続就労、2カ月以内に申請します。これは、育児休業者が期間雇用

者である場合に特別に支給されるものです。

　期間雇用者にも育児休業制度・育児短時間勤務制度を利用できる旨、就業規則に明示しないと支給されません。中小企業のみです。

Ⅲ　職場復帰後支援

制度導入	28.5万円〈36万円〉
制度利用	A：看護休暇制度　1,000円〈1,200円〉×時間 B：保育サービス費用補助　実費の2／3

【スキーム】

復帰後、仕事と育児の両立が特に困難な時期にある労働者のため、

新たな制度導入などの支援に取り組んだ中小企業事業主に右表の額を支給

【ポイント】

・育児・介護休業法を上回る「A：子の看護休暇制度」または「B：保育サービス費用補助制度」を導入していること。

・対象の育児休業取得者が1ヶ月以上の育児休業（産後休業を取得する場合は産後休業1ヶ月）から復帰した後6ヶ月以内において、導入した制度の一定の利用実績（A：子の看護休暇制度は20時間以上の取得、B：保育サービス費用補助制度は3万円以上の補助）があること。

④再雇用者評価処遇コース助成金
　妊娠、出産、育児、介護を理由とした退職者について、退職前の勤務実績等を評価して、再雇用制度を促進しようと言う制度です。

【スキーム】

	中小企業	中小企業以外
再雇用1人目	38万円 （48万円）	28.5万円 （36万円）
再雇用2〜5人目	28.5万円 （36万円）	19万円 （24万円）

【申請スケジュール】

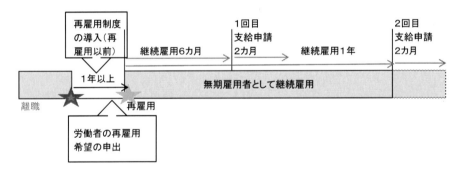

【ポイント】
退職者の再雇用後、半年に分け2回支給されます。
能力ある人も、やむをえない事情で過去に退職していることも考えられますので、この制度は前向きに取り組むべきものです。

第１５章　厚生労働省のメジャーな助成金解説

(2)就業規則との関係

これは、まず、育児休業規定、介護休業規定があることが前提です。
以下の解説では、その基本形を提示して、それぞれの助成金を受ける場合
のマイナーチェンジの方法を解説します。

特別ルール１
介護離職防止支援コース助成金では、通常の介護休業制度条文に加え、以
下の条文の明記が必要となります。
（就業規則への規定例）
第○条　円滑な取得及び職場復帰支援
会社は、育児休業又は介護休業等の取得を希望する従業員に対して、円滑
な取得及び職場復帰を支援するために、当該従業員ごとに育休復帰支援プ
ラン又は介護支援プランを作成し、同プランに基づく措置を実施する。
なお、同プランに基づく措置は、業務の整理・引き継ぎに係る支援、育児
休業又は介護休業中の職場に関する情報及び、資料の提供等、提供など、
育児休業又は介護休業等を取得する従業員との面談により把握したニーズ
を合わせて定め、これを実施する。

特別ルール２
両立支援等助成金には以下の時間短縮措置が含まれていることが必要です
（復帰後のことを想定）。

（育児短時間勤務）
第 15 条
１３歳に満たない子を養育する従業員は、申し出ることにより、就業規則
第○条の所定労働時間について、以下のように変更することができる。所
定労働時間を午前 9 時から午後 4 時まで（うち休憩時間は、午前 12 時

201

第 4 部　厚生労働省助成金編

から午後 1 時までの 1 時間とする。）の 6 時間とする（1 歳に満たない子を育てる女性従業員は更に別途 30 分ずつ 2 回の育児時間を請求することができる。）

2　1 にかかわらず、日雇従業員及び 1 日の所定労働時間が 6 時間以下である従業員からの育児短時間勤務の申出は拒むことができる。

3　申出をしようとする者は、1 回につき、1 か月以上 1 年以内の期間について、短縮を開始しよう

とする日及び短縮を終了しようとする日を明らかにして、原則として、短縮開始予定日の 1 カ月前までに、育児短時間勤務申出書（社内様式 11）により人事部労務課に申し出なければならない。

申出書が提出されたときは、会社は速やかに申出者に対し、育児短時間勤務取扱通知書（社内様式 13）を交付する。その他適用のための手続等については、第 3 条から第 5 条までの規定（第 3 条第 2 項及び第 4 条第 3 項を除く。）を準用する。

4　本制度の適用を受ける間の給与については、別途定める給与規定に基づく基本給を時間換算した額を基礎とした実労働時間分の基本給と諸手当の全額を支給する。

特別ルール 3

代替要員確保コースには以下の同一職場、同条件の復帰の条文が必要です。

（参考：育児・介護休業等に関する規則の規定例）

1　育児・介護休業後の勤務は、原則として、休業直前の部署及び職務とする。

2　1 にかかわらず、本人の希望がある場合及び組織の変更等やむを得ない事情がある場合には、部署及び職務の変更を行うことがある。この場合は、育児休業終了予定日の 1 か月前又は介護休業終了予定日の 2 週間前までに正式に決定し通知する。

(3) 再雇用者評価処遇コース助成金と就業規則

このコースについては、他コースと規則作りの性格を異にします。介護・育児の規程ではなく再雇用制度の中に入るからです。

一般的な、再雇用制度は高齢者用に定年の定めと合わせ設定されていると思われます。

その条文を拡大解釈して、再雇用する方向に持って行っても退職者（元労働者）に有利な方向なので、問題は無いと思われます。しかし、助成金の支給条件としては、規則に入れることに寄る啓蒙効果も目的としますので、離職事由に「妊娠、出産、育児、介護を理由として離職した者」と明記すべきです。（在職当時の）能力基準を設けることは許されています。

(4) 両立支援等助成金に特別なツール

ここでは申請書類は事実をそのまま書くだけで難易度はないと判断し省略し、それらの支援ツールを解説します。

この育児・介護休業に関係する助成金の申請に際して・教育・プラン作成・アンケート意識調査と支援のためのツールが豊富でそれが申請時の提出書類にもなっています。

これは、育児・介護と仕事の両立を図る上で非常に良いことだと思います。

厚生労働省は現段階では介護・育児休業に関する啓蒙・普及が必要と見て、復帰プラン策定書、教育資料、候補資料、意識調査資料をテンプレートとして用意しています。（申請時提出物になっていないものもあります）

以下のようなツールです。

介護関連

・仕事と介護の両立実態把握アンケート（参考様式2）

・仕事と介護の両立支援制度を周知しようチェックリスト（参考様式3）

・仕事と介護の両立準備セミナー（参考様式4）

・仕事と介護の両立準備ガイド（参考様式5）

第4部　厚生労働省助成金編

・相談窓口担当者用チェックリスト（参考様式6）
・研修実施後のフォローアップ調査票（参考様式7）
・仕事と介護の両立支援　面談シート兼介護支援プラン（参考様式8）
育児関連
・面談シート
・育休復帰支援プラン
・育児復帰プラン

(5)申請のポイント

　これは、なんと言っても、育児休業規定、介護休業規定の最新の法改正まで含めての勉強です。その基礎知識を習得しないで、申請すると後で苦労します。

提出する育児休業規定、介護休業規定もチェックされます。

この勉強は労使一体でと言うことで良いと思いますし、それでこそ会社の一体感を醸成するのに役に立ちます。

第１５章　厚生労働省のメジャーな助成金解説

６－２．両立支援等助成金　女性活躍加速化コース助成金

(1)制度主旨

国民総活躍社会に向けて、「女性活躍加速化コース助成金」が制度化されました。

内容は、

①採用者女性比率

②勤続年数の男女差（短縮）

③労働時間（短縮）

④管理職に占める女性比率

という主項目になります。

女性活躍推進法に基づき、自社の女性の活躍に関する「数値目標」、「数値目標」の達成に向けた取組内容（「取組目標」）等を盛り込んだ行動計画を策定し、行動計画に沿った取組を実施して「取組目標」を達成した事業主及び「数値目標」を達成した事業主に対して助成金を支給します。

平成２９年改訂で④管理職に占める女性比率達成で増額支給が新設されました。目標設定にはガイドラインがあります（２０８Ｐ参照）。

本助成金は、以下の２つのコースに分かれています。

○加速化Ａコース

数値目標の達成に向けた取組目標を達成した場合に支給

受給できる額：２８．５万円（３６万円）申請時と目標達成時　（１企業につき１回限り）業種に関わりなく、常時雇用する労働者が３００人以下の事業主のみを対象としています。

○加速化Ｎコース

数値目標の達成に向けた取組目標を達成した上で、その数値目標を達成した場合に支給、受給できる額：２８．５万円（３６万円）（１企業につき１

205

第４部　厚生労働省助成金編

回限り）業種に関わりなく、常時雇用する労働者が３００人以下の事業主
のみを対象としています。

○管理職比率達成増額
上記目標の④管理職に占める女性比率が雇用均等・児童家庭局長が定める
基準以上に達成した場合、４７．５万円（５６万円）が支給されます。（平
成２９年４月改正）
３０１人以上の企業は２８．５万円（３６万円）になります。
大企業はこの管理職比率達成増額のみが支給されます。
女性の管理職割合の目標設定ガイドラインは２０％以上です。
今回、この女性管理職比率の目標達成のプレミア項目が入り国が進めたい
指標であることが分かりました。政治や行政が先に人事での女性比率向上
を見せて手本を示すべきだと思います。

(2)申請スケジュール
以下の順になります。
①自社の女性の活躍に関する状況把握、課題分析
②状況把握、課題分析を踏まえた行動計画の策定、社内周知、公表
③行動計画を策定した旨の都道府県労働局への届出
④女性の活躍に関する情報の公表
本助成金は、同法に基づき上記①〜④のアクションをしてからになります。

・目標公表に関する注意点
自社サイトか自社サイトか女性の活躍推進企業データベース
（http://www.positive-ryouritsu.jp/positivedb/）で一般公開されます。
公開にはメリット・デメリットがありますのでよく検討してください。
メリット
・それをすることによりやらねばならないという使命感につながる。

第15章　厚生労働省のメジャーな助成金解説

・一般的には（特に求職者に対して）良い会社のイメージとなる。

デメリット

・公表した事実に縛られることになる。

・形優先で達成しようとしても、内実がついてきていないと社員のモラールは逆に下がります。

スケジュールと支給額に関する注意点は以下の通りです。

（支給額：各コース1企業1回限り）	中小企業	中小企業以外
【加速化Aコース】＊取組目標達成時	28.5万円〈36万円〉	－
【加速化Nコース】＊数値目標達成時	28.5万円〈36万円〉	－
女性管理職が基準値以上に上昇	47.5万円〈60万円〉	28.5万円〈36万円〉

支給の申請は、目標達成日翌日から2カ月以内に申請します。

計画が求められてから実施に入ると言うのは補助金・助成金の通則です。

(3) 申請時必要書類

①女性活躍加速化助成金支給申請書（【加】様式第1号）

②支給要件確認申立書（共通支給様式第1号）

③下記(1)〜(6)の書類の写し

(1) 行動計画

策定日が明らかであるものに限る。（取組期間中に数値目標又は取組目標を変更した場合は、変更後の行動計画。）

(2) 行動計画の労働者への周知をしていることがわかる書類（社内で周知した文書。）

(3) 行動計画の公表並びに女性活躍推進法第16条に基づく女性の活躍に関する情報の公表をしていることがわかる書類

（「女性の活躍推進企業データベース」に掲載されたページを印刷したもの。）

(4) 支給申請対象となる取組目標を達成したことを明らかにする書類

（例えば、研修を実施した場合は研修の開催通知・次第など。設備・機器

207

第4部　厚生労働省助成金編

を購入した場合は領収書など。制度を導入した場合は制度導入日の記載された通知・規定など。

(5)　（加速化Nコース申請時のみ）支給申請対象となる数値目標を達成したことを明らかにする書類

　（例えば、ある職種の女性社員の比率を増加させた場合は、取組実施前、実施後と、支給申請時点の男女別の配置状況がわかる社内組織図・名簿など）

(6)　（加速化Nコース申請時のみ）数値目標を達成したことを公表していることがわかる書類

(4) 事前学習事項

・法律を知ること

男女雇用機会均等法の常識が必要となります。

募集、採用、配置、昇進、降格、教育訓練、福利厚生、職種・雇用形態の変更、退職勧奨、定年、解雇、労働契約の更新について、労働者の性に基づく差別的取扱いを禁止しています。

では、なぜ、社内の男女比率で男性が多いかと言うと採用の判断のところで実質的には差をつけているということです。

よって、ここで注意を促したいのは、今まで研修を女性には受けさせていなかったのを今後受けさせるとすると過去の均等法違反が露見してしまうと言うことです。

女性の多い職場で、今後も女性のみ採用と言うのも、機会均等法に違反となります。

・ガイドラインを知ること

この助成金においては、まず、現状分析が先に来ると説明しました。

その分析、目標設定の際に数値のガイドラインと言うものがあります

・社員の女性の比率　４０％以上

第15章　厚生労働省のメジャーな助成金解説

・勤続年数の男性に対する比率　７０％以上
・女性の管理職割合　２０％以上となります。

(5)就業規則・労働協約への反映

この制度導入によって労働者側に不利になってはならないということがベースですので先に理解しておくべきです。

今回はその主旨から見て、女性の労働現場での地位向上が目的なので、就業規則に改めて織り込む内容ではないと思います。ただし、設定した目標の労働協約を結ぶことはおかしくはありません。

気をつけねばならないのは、パートからの転換制度を明記する場合パート就業規則の方に書かねばならないと言うことです。なければ、原則作成しなくてはなりません。

(6)申請のポイント

現状数値も公表になってしまうことに要注意です。特に、残業の目標提示は現状の残業の多さを公開することになるので要注意です。

行動計画に、女性管理職の目標を入れておかないと女性管理職達成プレミア支給は貰えません。

会社の戦略と女性活用を十分にリンクさせて、会社全体にそれを理解して貰うことです。このステップを省略すると上滑りします。

第4部　厚生労働省助成金編

7-1. 65歳超雇用推進助成金　高年齢者雇用継続コース

(1)制度主旨

これは、厚生年金の受給年齢の引き上げのための施策として、働く年齢（定年）も引き上げていこうと言う策で、助成金を出すと言うのは、高年齢者活用の事業所を輩出して行こうと言う誘導策です。

(2)基本スキーム

① 雇用保険適用事業所の事業主であること。

② 平成 28 年 10 月 19 日以降において、労働協約又は就業規則による、次の（イ）から（ハ）までのいずれかに該当する制度（以下「定年の引上げ等の制度」という。）を実施した事業主

であること。

　（イ）　旧定年年齢を上回る 65 歳以上への定年の引上げ

　（ロ）　定年の定めの廃止

　（ハ）　旧定年年齢及び継続雇用年齢を上回る 66 歳以上の継続雇用制度

（※1）の導入

（※１）　「継続雇用制度」とは定年後も引き続いて雇用されることを希望する者全員を、定年後も引き続いて雇用する制度をいいます。

③　②の定年の引上げ等の制度を規定した際に別途定める経費を要した事業主であること。

④職業能力の向上等のための教育訓練、作業方法等の改善、健康管理・安全衛生の配慮、知識や経験等を活用できる配置や処遇の見直し、勤務時間の弾力化などが加わりました。（平成３０年度改訂）

③の有料での規則改訂は、事業所内でも出来る事務をあえて有償でさせている形になり、問題があると思うのですが、自社のみで処理した場合には

・法的知識不足により、不備がある改定が多い。

210

第１５章　厚生労働省のメジャーな助成金解説

・法的な流れである従業員への周知、意見書への聴取という部分が実質的になされていない現状があるものと思われます。

これを立証する提出資料として、社会保険労務士との業務委託契約書と領収書が必要ですので注意してください。

⑤支給申請日の前日において、当該事業主に１年以上継続して雇用されている 60 歳以上の別途定める雇用保険被保険者が１人以上いること。

これもポイントです。高齢者のいない会社でこの雇用継続措置をしても、かなり先のことになりますので、企業の実感も経済効果もない訳です。

(3)支給額

① 65 歳への定年引上げ

② 66 歳以上への定年引げ又は廃止

③ 希望者全員を 66 ～69 歳まで継続雇用する制度

④ 希望者全員を 希望者全員を 70 歳以上まで継続雇用する制度

平成３０年度にアンダーラインが引き下げ、色塗りが増額改定

60歳以上の被保険者数	定年又は雇用継続制度の上限年齢の引き上げ年数		定年の廃止
	5年未満 (③については4年未満)	5年以上 (③については4年以上)	
1～2人	①10万円 ②15万円 ③5万円 ④10万円	①15万円 ②20万円 ③10万円 ④15万円	②20万円
3～9人	①25万円 ②30万円 ③15万円 ④20万円	①100万円 ②120万円 ③60万円 ④80万円	②120万円
10人以上	①30万円 ②35万円 ③20万円 ④25万円	①150万円 ②160万円 ③80万円 ④100万円	②160万円

人数が多い枠を増額したのは、難易度が高いと見ている訳です。また誘導

211

第4部　厚生労働省助成金編

性目的の助成金ですので、時の経過で減額になることが予想されます。

(4)支給申請

助成金の支給を受けようとする事業主は、65 歳超雇用推進助成金支給申請書(様式第1号。以下「支給申請書」という。)に、必要書類を添付し、定年の引上げ等の制度の実施日の翌日から起算して **2 か月以内**に、支部高齢・障害者業務課等を経由して機構本部に提出します。

(5)申請書類

1　65 歳超雇用推進助成金支給申請書

様式第2号(1)〜(4)

様式第2号別紙1〜2

2　登記事項証明書(写)　2部

3　定年および継続雇用制度が確認できる労働協約、労働基準監督署に届け出た就業規則等(写)　2部

【労働者の数が常態として10 人以上の事業場】

・労働協約(定めている場合提出)

・労働基準監督署に届出済の就業規則(必須)

【労働者の数が常態として10 人未満の事業場】

■　定年の引上げ等の制度の実施後(改正後)における確認

・労働協約(定めている場合提出)

・労働基準監督署に届出済の就業規則(必須)

■　定年の引上げ等の制度の実施前(改正前)における確認

・労働協約(定めている場合提出)

・労働基準監督署に届出済の就業規則(届出済の場合提出)

・労働基準監督署に届け出ていない就業規則および「旧就業規則に関する申立書(補助様式1)」(下記5参照。従業員全員の署名または記名押印したもの。)(届出していない場合提出)

212

※65歳までの雇用確保措置を、基準該当者を対象とする継続雇用制度(改正法に規定する経過措置に基づくものに限る)により講じている期間がある場合は、当該基準を定めた全ての労使協定書(写)も提出してください。

4　平成28年10月19日以降最高の定年年齢等が確認できる労働協約、労働基準監督署に届け出た就業規則(写)　(該当する場合のみ提出)　2部

5　旧就業規則に関する申立書　(補助様式1)　(該当する場合のみ提出)　3部

労働者の数が常態として10人未満の事業場において、上記3で労働基準監督署に届け出ていない旧就業規則がある場合は、従業員全員の署名または記名押印のうえ3部(原本1部、写2部)提出してください。補助様式(1)

6　雇用保険適用事業所設置届事業主控(写)または雇用保険事業主事業所各種変更届事業主控(写)　2部

7　雇用保険適用事業所等一覧表　(補助様式2)　(該当する場合のみ提出)　3部

8　対象被保険者の雇用保険被保険者資格取得等確認通知書(写)　等　2部

9　対象被保険者の雇用契約書、労働条件通知書(写)等　2部

10　対象被保険者の賃金台帳(写)、出勤簿　(写)　2部

11　1年以上継続して雇用されていることが確認できる労働者名簿、賃金台帳

12　職種区分で定年年齢が異なる場合の「実施した制度」及び「引き上げた年数」確認資料（補助様式3）3部

13　経費の支払いを確認できる書類(写)　2部

① 契約確認書類

契約書または請書

契約内容等が明らかに対象経費に該当しない場合は支給対象となりません。

② 支払確認書類

支払方法、金額、支払完了日、支払先、支払が完了した事実が確認できる

第4部　厚生労働省助成金編

次の書類

(a) 現金の場合：領収書、現金出納帳

(b) 銀行振込の場合：銀行振込受領書、金融機関の通帳記入部分（または入出金明細）

(c) 現金振込の場合：振込明細、現金出納帳

(d) 口座振替の場合：金融機関の通帳記入部分

(e) 手形・小切手の場合：領収書、当座勘定照合表、半券

③ 履行確認書類

(a) 納品物がある場合：納品物

(b) 相談等の場合：相談・指導等を受けた日時、相談者、相談内容等が確認できる資料（議事録、相談資料等）

14　預金通帳（写）等、助成金の振込口座の確認できる書類　2部

15　支給要件確認申立書（65歳超雇用推進助成金）（共通要領　様式第1号）　3部（原本1部、写2部）提出してください。

16　高年齢者雇用管理に関する措置を確認する資料　2部

17 の他記載事項を確認する書類　2部

その他、記載事項を確認するため、必要に応じて書類の提出または提示を求めることがあります。

18　委任状（写）　（該当する場合のみ提出）　2部

19　提出物チェックリスト　2部

(6)継続雇用制度に係る就業規則の規程例

①定年制と継続雇用制度の書き方

第○条　従業員の定年は満65歳とし、65歳に達した年度の末日をもって退職とする。ただし、定年後も引続き就業を希望する者については、希望者全員を67歳まで再雇用する。

雇用継続の方は通常、以下のような但し書きが入ります。

・引き続き勤務することを希望していること

・無断欠勤がないこと

・過去〇年間の平均考課が〇以上であること

これは助成金を貰いたいケースでは不可です。要するに助成金受給に際して事業主の従業員のより好みはだめということで希望者全員としなくてはなりません。

再雇用条件については個々の契約になるので雇用条件は書かなくても認められます。

基本的な条件を再雇用規程に書き、個別に契約書を交すことになります。

②定年の定めの廃止

　就業規則等に「定年なしとする」と明記

・通常は書かなくても良いのですが、助成金に絡む場合は、このように省略だけではダメで、

あえて「定年なし」と書かなくてはいけないと解されます。

(7)申請のポイント

まずはこの助成金の条件ともなっている６０歳以上の方の該当者への説明が必要です。退職金を早く欲しい人など意外と労使の懇談会では、調整が難しい時があります。労使懇談会資料（写真）の提出を求める稀に県もあります。

労使懇談会では、労使で制度改編のメリット、デメリットを話し合います。

第4部　厚生労働省助成金編

７－２．65歳超雇用推進助成金　高年齢者無期雇用転換コース

(1)制度の概要

50歳以上かつ定年年齢未満の有期契約労働者を無期雇用労働者に転換させた事業主に対して国の予算の範囲内で助成金を支給されます。

また、生産性を向上させた事業主は助成金が割増されます。

本助成金は、次の(1)～(2)によって実施した場合に受給することができます。

(1)　無期雇用転換計画の認定

有期契約労働者を無期雇用労働者に転換する計画（以下「無期雇用転換計画」といいます。）を作成し、機構理事長に提出してその認定を受けること。

(2)　無期雇用転換計画の実施

(1)　の無期雇用転換計画に基づき、当該無期雇用転換計画期間内に、雇用する50歳以上かつ定年年齢未満の有期契約労働者を無期雇用労働者に転換すること。

（実施時期が明示され、かつ有期契約労働者として平成25年4月1日以降に締結された契約に係る期間が通算5年以内の者を無期雇用労働者に転換するものに限ります）

高齢者に対して職業能力の向上等のための教育訓練、作業方法等の改善、健康管理・安全衛生の配慮、知識や経験等を活用できる配置や処遇の見直しを行っていること。

(2)支給額

対象労働者1人あたり48万円（中小企業事業主以外は38万円）を支給します。

生産性要件を満たす場合には対象労働者1人につき60万円（中小企業事業主以外は48万円）となります。

216

第15章　厚生労働省のメジャーな助成金解説

1支給申請年度1適用事業所あたり10人までを上限とします。

(3)申請方法

無期雇用転換計画書に必要書類を添えて、無期雇用転換計画の開始日から
起算して6か月前の日から2か月前の日までに、主たる事務所または転換
の実施に係る事業所の所在する都道府県の支部高齢・障害者業務課（東京・
大阪は高齢・障害者窓口サービス課）に提出してください。

(4)申請のポイント

高齢者に対しての職場環境改善を施したかというところが、非常に厄介で
す。社員にはではなくて、高齢労働者に向けてという限定性があるからで
す。支給申請の際に、見解の相違が出ないように事前に県の高齢・障害機
構に相談に行きましょう。

8．一般トライアルコース奨励金

　この助成金以降は特殊な助成金と位置づけしていますので、225Ｐの
総合表には出てきません。本助成金はいわゆる就職困難者のために作られ
た施策です。

(1)制度主旨

職業経験、技能、知識等から安定的な就職が困難な求職者について、ハロー
ワークや職業紹介事業者等の紹介により、一定期間試行雇用した場合に助
成するものであり、それらの求職者の適性や業務遂行可能性を見極め、求
職者および求人者の相互理解を促進すること等を通じて、その早期就職の
実現や雇用機会の創出を図ることを目的としています。

217

第4部　厚生労働省助成金編

(2)支給要件

次のイ〜へのいずれかに該当する者

イ　紹介日において就労の経験のない職業に就くことを希望する者

ロ　紹介日において学校を卒業した日の翌日から当該卒業した日の属する
　　年度の翌年度以降3年以内である者であって、卒業後安定した職業に
　　就いていないもの

ハ　紹介日前2年以内に、2回以上離職又は転職を繰り返している者

ニ　紹介日前において離職している期間が1年を超えている者

ホ　妊娠、出産又は育児を理由として離職した者であって、紹介日前にお
　　いて安定した職業に就いていない期間（離職前の期間は含めない。）
　　が1年を超えているもの

へ　紹介日において就職支援に当たって特別の配慮を有する次のa〜hま
　　でのいずれかに該当する者

a　生活保護受給者

b　母子家庭の母等

c　父子家庭の父

d　日雇労働者

e　季節労働者

f　中国残留邦人等永住帰国者

g　ホームレス

h　住居喪失不安定就労者

(3)　ハローワーク・紹介事業者等に提出された求人に対して、ハローワー
ク・紹介事業者等の紹介により雇い入れること

(4)　原則3ヶ月のトライアル雇用をすること

(5)　1週間の所定労働時間が原則として通常の労働者と同程度（30時間
（上記（2）d、gまたはhに該当する者の場合は20時間）を下回らな
いこと）であること

上記を見ても分かるように就職に失敗した人、あるいは、就職が困難な人

第１５章　厚生労働省のメジャーな助成金解説

がトライアルに来ると言うことです。

(3)支給対象期間

・本奨励金は、支給対象者のトライアル雇用に係る雇入れの日から１か月単位で最長３カ月間（以下「支給対象期間」という）を対象として助成が行われます。

・本奨励金は、この支給対象期間中の各月の月額の合計額がまとめて１回で支給されます。

(4)支給額

本奨励金の支給額は、支給対象者１人につき月額４万円です。

※対象者が母子家庭の母等又は父子家庭の父の場合、１人につき月額５万円となります。

ただし、労働日数が少ない場合は比例的に減額になります。

(5)申請のポイント

３カ月の試用で、その職種に能力が合わなくても事業主は、情が移ってそこで切りにくいと言うのが時にある現象です。これは我が国では特に強い意識です。

９．雇用調整助成金

(1)制度主旨

　景気の変動、産業構造の変化その他の経済上の理由により、事業活動の縮小を余儀なくされた事業主が、一時的な雇用調整（休業、教育訓練または出向）を実施することによって、従業員の雇用を維持した場合に助成されます。

219

第4部　厚生労働省助成金編

(2)支給要件

受給するためには、次の要件のいずれも満たすことが必要です。

①雇用保険の適用事業主であること。

②売上高又は生産量などの事業活動を示す指標について、その最近3か月間の月平均値が前年同期に比べて10％以上減少していること。

③雇用保険被保険者数及び受け入れている派遣労働者数による雇用量を示す指標について、その最近3か月間の月平均値が前年同期に比べて、中小企業の場合は10％を超えてかつ4人以上、中小企業以外の場合は5％を超えてかつ6人以上増加していないこと。

④実施する雇用調整が一定の基準を満たすものであること。

A．休業の場合

労使間の協定により、所定労働日の全一日にわたって実施されるものであること。（※1）

※1　事業所の従業員（被保険者）全員について一斉に1時間以上実施されるものであっても可。

B．教育訓練の場合

Aと同様の基準のほか、教育訓練の内容が、職業に関する知識・技能・技術の習得や向上を目的とするものであり、当該受講日において業務（本助成金の対象となる教育訓練を除く）に就かないものであること（※2）。

※2　受講者本人のレポート等の提出が必要です。

C．出向の場合

対象期間内に開始され、3か月以上1年以内に出向元事業所に復帰するものであること。

過去に雇用調整助成金又は中小企業緊急雇用安定助成金の支給を受けたことがある事業主が新たに対象期間を設定する場合、直前の対象期間の満了の日の翌日から起算して一年を超えていること。

(3)支給額

　受給額は、休業を実施した場合、事業主が支払った休業手当負担額、教育訓練を実施した場合、賃金負担額の相当額に下の表の助成率を乗じた額です。ただし教育訓練を行った場合は、これに(2)の額が加算されます（ただし受給額の計算に当たっては、1人1日あたり8,205円を上限とするなど、いくつかの基準があります）。

休業・教育訓練の場合、その初日から1年の間に最大１００日分、3年の間に最大１５０日分受給できます。出向の場合は最長1年の出向期間中受給できます。

教育訓練を実施したときの加算額は1人1日当たり）１，２００円ですが実際には労働させていたと言う不正を起こしやすい助成金で良く臨検検査で摘発されています。

	中小企業	中小企業以外
(1)休業を実施した場合の休業手当または教育訓練を実施した場合の教育訓練を実施した場合の賃金相当額に対する助成　対象労働者1人当たり8,205円が上限（平成28年8月）	2／3	1／2
(2)教育訓練を実施した時の加算	1人1日当たり1，200円	

(4)申請のポイント

　直近の業績が悪いと感じていても売上の１０％減少要因に合致しないケースがよくあります。

また、雇用調整助成金を受給していると言う噂から休業状態と思われると尚更、売上が減少する場合もありますので、稼働率とコストの関係を常に意識して、少しの損なら稼働する方が「得」ということもありえることを考えましょう。

第4部　厚生労働省助成金編

第16章　助成金と中小企業戦略の接点

　最も重要な部分である企業戦略との関係を考察してみましょう。

1．助成金と中小企業戦略

(1) 複数の線形プログラム

　これからはいわゆる総合職としてキャリアアップしていくものと専門職としての技術職務を積み重ねていくものの2つの線形プログラム作りが必要です。

若年層、中年層、高年者層の全ての層でプログラム策定が必要となります。

ここで勘違いしてはならないのは、総合職より専門職が必ずしも下のランクではないということです。

これを勘違いしている会社が多くそのような会社のモラールは全く上がりません。

現在では様々なライフスタイル観や労働観を持っている人たちが存在しますのでそのようなことにも配慮しなくてはいけません。

高年齢者等については実質的に同一条件で継続勤務する人と嘱託契約する人に分かれ、加えて今後は、無期転換してくる人のグループが入りますので十分に納得のいく第二定年も含めた会社スキーム作りが必要となります。

また前述したとおり専門職のグループの方をいかにモラールを上げていくかがポイントとなります。

(2) 中核人員育成の必要性

　労務管理の課題スタッフを育てる必要性時に見られるのが有期社員のみ

222

で構成されている職場です。

　自動車メーカーなので見られるケースですなぜこのようなことが起こるかと言うと経営者側に、生産場所が海外シフトするのではないかという不安があるからです。

　この有期職員のみの職場はコスト面では一見良い策のように思われるかもしれませんが、実際は、不安定な職場ムードとなり、中核となる正社員スタッフがいて、常々レベルアップするよう教育をしていく方が生産性は上がります。

　そして正社員化したらその人に次の教育役を担ってもらうという形です。助成金としては人材開発助成金や有期実習訓練などが正社員が一人はいないと成立していません。有期社員のみの構成になっている事業所は是非とも中核人の育成を考えてみてください。

(3)無期転換に注意

　無期転換ルールとは、労働契約法の改正により、有期労働契約が反復更新されて通算5年を超えたときに、労働者の申込みにより、期間の定めのない労働契約（無期労働契約）に転換されるルールを無期転換制度と言います。

ここで有期契約を続けてきた者の雇い止め、あるいは雇い止めに見せないためのクーリング制度などへの労働行政の指摘は今後厳しくなることが考えられます。ただ、基本的にこのような抜け道を利用してまでも正社員化を止めたいという力が働くのは主に大企業です。中小企業においては労働市場が逆転し、労働者の売り手市場になっていますのでこのように正社員化をさせない会社には働き手が来なくなる可能性がありますのであまり心配することはないというのが私の意見です。ただし中小企業の中には人を雇用した際に、深く、考えず無条件で有期雇用にしているケースもあり今後は注意することが必要です。

第4部　厚生労働省助成金編

(4) リストラ・解雇と助成金申請

　助成金支出目的の雇用のところで、本義は、ハローワークのホルダー数を減らすことにあると解説しました。

ここで、助成金のスキームの上で、国が最もやって欲しくないのは

・助成金を活用しながらハローワーク経由で雇用

片や

・会社都合でリストラ・解雇をする

ということです。

リストラされた労働者は特定理由離職者に当たりますので、直ぐ、ハローワークに来ます。

　そこで、支給前後にリストラ・解雇していないということが要件になるのは、理解できるでしょう。

　しかし、リストラ要件（解雇含む）をもって、解雇・離職と助成金申請スケジュールを調整しようと言うのは、理屈では可能であっても実際には離職と言うのは経営側から見るとアクシデント的に起こることが多く難しいものがあるでしょう。

リストラと助成金申請の関係は次頁にあります。

224

第16章　助成金と中小企業戦略の接点

２．主要助成金総合分析

	業務改善助成金	人材確保助成金	キャリアップ助成金	人材開発助成金訓練コース	人材開発助成金	両立支援等助成金	女性活躍加速化助成金	65歳超雇用推進助成金
リストラ禁止条件	あり	あり	あり	あり	あり	なし	なし	なし
その内容	支給の前後6カ月に解雇で×	申請前半年で特定離職者6%以下	転換日前後半年で特定離職者6%以下	転換日前後半年で特定離職者6%以下	支給の前後6カ月に解雇で×	該当者以外関係なし	該当者以外関係なし	該当者以外関係なし
届け出先（＊）	労働局機会均等	助成金センター	助成金センター	助成金センター	助成金センター	労働局機会均等	労働局機会均等	高齢・障害機構
申請スケジュール	賃金引き上げ前	制度導入前	転換前6カ月前	教育前	制度導入前	両立支援内の種類ごとに違う	行動計画提出公開後	就業規則書き換え後
主な対象	雇用保険被保険者	雇用保険被保険者	有期契約者がメイン	正規用・非正規用あり	主に正社員	雇用保険被保険者	―	雇用保険被保険者
申請スケジュール	賃金引き上げ前	制度導入前	転換前6カ月前	教育前	制度導入前	両立支援内の種類ごとに違う	行動計画提出公開後	就業規則書き換え後
支給スケジュール	投資後、賃金引き上げ後	制度導入後制度実施後	転換後6カ月	教育実施後	制度導入後制度最低1名実施後	復帰は当然復帰後	申請と目標達成後	申請後即
中小企業要件	中小企業のみ	大企業・中小企業差なし	大企業・中小企業差あり	大企業・中小企業差あり	大企業・中小企業差あり	大企業・中小企業差あり	大企業・中小企業差あり	大企業・中小企業差なし
中小企業難易度	△	○	△	△	▲	▲	▲	○
導入ポイント	財務上、賃金引き上げ可能か	やる気ならばそれ程障害なし	コスト面と該当者の能力面	技術系業種は○その他は時間がとれるか	教育、能力開発は技術系業種かどうか、その他は導入意欲のみ	安定的、余裕人員いる中堅以上向き	申請は難易度中も、社内モラールの上げ方が‥	これは労働者とのパワーバランス、人出不足なら○

＊）届け出先は県により違います

・まず窓口が労働局と助成金センターと高齢・障害機構の３通りあることを覚えましょう。労働者の労働条件に近い助成金が労働局とされていますが、県によって様々でありこれは、公式化は出来ません。助成金センターは労働局の出先機関となります。

・前ページで解説した通り助成金の多くは計画申請、支給申請前後の離職人数と関係してきます。ただ昨今における離職というのは労働者個人の事

第4部　厚生労働省助成金編

情によるケースが多く計画策定の際に離職予定人数を織り込んで進めてい
くというのは実務上では難しいものがあります。
ただ助成金支給条件として先に頭に入れておくべきことではあります。

・222Pで、解説した2つの線形プログラムに分けて、適用する助成金
を紐付けていくという発想が必要です。
例えばキャリアアップ助成金というのはキャリアアップしていく訳ですか
ら非正規の人を対象に考える助成金です。
また業務改善助成金も最低時給の人の賃金を上げることが目的とされてい
ますので基本的には社内ではパートと言われる人を対象にしていることが
分かります。

第１７章　インダストリー４．０で遅れゆくこの国

　インダストリー４．０とは、ＩｏＴ技術をベースに、付加価値の高い製品・サービスを生み出していこうというもので、我が国は既にかなり遅れ始めていると言われています。

大企業（メーカー）が外資の傘下に入りつつあるのもその兆候です。

この４．０の考えのベースあるのは無駄を廃して高付加価値化いこうという考えです。

これについて、我が国の行政部門は遅れているというより、行政への届け出業務、申請業務は、より複雑化しているのではないかと感じます。

この部門ではヨーロッパはまさに「櫂より始めよ」で行政への届け出は電子化され簡易化されています。

最も憂慮されることはその複雑にすることを仕事としている人たちがいることです。

それによりその届け、申請を権威化していくという流れは、インダストリー４．０の流れとは逆の方向に向かっています。

最近の「将来なくなる仕事」の代表に取り次ぎをしている資格が載っていますが、この複雑化する傾向の中では、そんなことには絶対なりません。

一般の人には読み解けないような、難解なシステムになりつつあり、それを当然とするおかしな空気があります。

申請窓口で担当者は「難しいので専門家に委任してください」というようなことを言います。

本来の行政の仕事の本義は「一般の人に分かりやすく説明する」ということなのでこれは「不作為」以上のものがあります。

この基本精神が分からず働いている公務員が大半です。

第4部　厚生労働省助成金編

ものづくり補助金の制度発足時には、申請に中小企業者に手続きで負荷を
かけないというサブテーマがあったはずです。しかし、説明会に行くとそ
の煩雑さは解決されていないどころか、当日消印が云々、郵送は郵便局以
外は云々などと前時代的な説明ばかりです。

また、いまだに、不採択だった場合のその不採択採点の内容が返されませ
ん。

自社にとっての正解が分からないので、採択を受けたことのない事業所は、
迷路から抜け出せないままです。

このインダストリー４．０にはユーザー、消費者にとってそのプロセスが
クリアーであるということも入っています。そこに嘘（品質偽装）があっ
てはいけないのです。

助成金部門では、１２８Ｐで示した原型が分からない改定に象徴されてい
ます。

このままでは、これからの国際競争の中で最も遅れた国になるでしょう。

228

おわりに

　補助金・助成金獲得の新理論完全改訂版の内容はいかがだったでしょうか?

今回、制度に対する見方と論評部分はほぼ全てを書き換えることになりました。

前巻を出版したのが1年前ですので中小企業を取り巻く環境の変化は早いものだなあというのが正直な感想です。

逆にものづくり補助金の申請書書き方に対する部分はあまり変わっていません。その基本部分は変わっていないからです。

それはその補助金助成金を作られた当初の意義というものがあり、それは変わらないからです。

よって重要なことはその制度が何のために作られているかの意味を深く理解することです。

次に中小企業辞退の関心のあるテーマの変化です。

ここ数年で中小企業経営者の悩みは景気浮揚に対することから次の時代を任せられるスタッフの雇用・確保の問題へ大きく変化しました。

よく政治家が、来賓でスピーチする時に「景気はアベノミクスにより回復基調にあるもののその恩恵け中小企業まで降りてきていない」ということを決まり文句のように述べますが、いかに中小企業の関心が変わってきているかということに気がついていないと言う証拠です。

当社は、この分野において、屋号の通りに、ものづくり補助金制度に対する対応からスタートしました。

よってマニュアルや書籍のコアなユーザーはものづくり補助金から入られたお客様が多いのではないかと思います。

しかしこの本の後半部分にある助成金分野も確実に学習していくべき分野です。

助成金も作られた主旨があり、それは、労務において課題になっていることの裏返しであるからです。

この改訂版はできれば毎年出していきたいと思っています。

ともに補助金助成金の制度の仕組みをそして時代の環境変化を研究しましょう！

２０１８年の予定を紹介しておきますと

・経営業種別の展開をします。

「士業の集客とコンサル技術」発刊済み

「ヘアーサロン経営の新理論」予定

・もっとじっくり学びたい人のために e-ラーニングソフト１０時間コースを開発します。

e-ラーニングソフトの発売予定は「マーケティング」「労務管理」「財務管理」「管理者必須知識」の予定です。

御社の経営戦略が輝きを放つことを祈願しております。

ものづくり補助金情報中心

経営革新支援認定機関

中小企業診断士・社会保険労務士

代表　西河　豊

ビジネスエージェント　石川　高弘

【好評の読者へのプレゼント】

本書の読者の皆さまへ、感謝を込めてプレゼントいたします。

愛読者プレゼントサイト

以下の手順でメルマガ配信を週２回無料で受けられます。

URL

http://www.keiei.ne.jp/company/nishi/

にアクセスしてビジネス文書・書式に無料商材がライナップされていますのでどれか

１つをダウンロードしてください。メルマガが配信されるようになります。

〈お問い合せ先〉

西河経営・労務管理事務所／ものづくり補助金情報中心（センター）／西河経営マネジメント・センター

　　　　代表者　西河　豊

tel ： 075-957-1487

fax ：075-957-1487

〒618-0091　京都府乙訓郡大山崎町北浦２－６，１－４０３

※特典サービスは、予告なく終了する場合がございますのでご了承ください。

大好評の既刊シリーズ

補助金・助成金獲得の新理論	～各種申請書のモデル記入事例解説～ もうコンサルタントに頼まなくても申請書作成ができます！経営者学習シリーズ1	３０３ページ 定価　2,500 円＋税
中小企業経営戦略の新理論	～リスク低減のための8戦略～ 従来のマーケティング理論はもう通じない！ 経営者学習シリーズ2	２１４ページ 定価　1,850 円＋税
集客の新理論	～レバレッジ経営が生き残りのカギ！～ 人口減少社会では集客が生き残りの絶対条件 経営者学習シリーズ3	１７２ページ 定価　1,700 円＋税
士業の集客とコンサル技術	～税理士・弁護士にも適応～ 人口減少社会では集客が生き残りの絶対条件！ 業種別シリーズ1	１５２ページ 定価　1,600 円＋税

著者略歴

氏名：西河　豊（にしかわ　ゆたか）

職歴：1959年　京都府生まれ

1984年4月～2000年2月金融機関勤務

その間1991年から1996年までシンクタンクの研究員として出向

2000年独立開業

西河経営・労務管理事務所、ものづくり補助金情報中心（センター）代表

資格：中小企業診断士、社会保険労務士、経営革新支援認定機関

執筆：「それでも、小売業は中国市場で稼ぎなさい」中継出版　2012年

「補助金・助成金獲得の新理論」三恵社　2017年

「中小企業経営戦略の新理論」三恵社　2017年

「集客の新理論」三恵社　2017年

「士業の集客とコンサル技術」2018年

学歴：大阪外国語大学　中国語学部（現大阪大学　国際学部）

氏名：石川　高弘（いしかわ　たかひろ）

職歴：1963年生まれ

エネルギー管理士　企業の省エネ診断、省エネ機器の導入・運用を指導

近年の省エネ補助金のサポートを積極的に展開し、環境省や経済産業省の省エネ系補助金だけでなく、設備投資系の補助金を広くサポートしている。

高倍率な補助金よりも、ニッチで採択率が高く、補助率や補助金額のメリットを享受できるものに特化してコンサルティング

実際にコンサルティングを受けたクライアントは、高額設備導入で補助金の恩恵を享受できることとなり、設備投資指南役として活躍している。

経営者勉強シリーズ Ⅳ

補助金・助成金獲得の新理論　完全改訂版
～平成30年度改訂攻略BOOK～

2018年 8月 1日　　初版発行

著　者　　西河　豊
　　　　　石川　高弘

定価(本体価格2,400円＋税)

発行所　　株式会社　三惠社
〒462-0056 愛知県名古屋市北区中丸町2-24-1
TEL 052 (915) 5211
FAX 052 (915) 5019
URL http://www.sankeisha.com

乱丁・落丁の場合はお取替えいたします。
ISBN978-4-86487-902-6 C2036 ¥2400E